Roy Hession

NAHE BEI DIR

Inhaltsverzeichnis

Vorwort

Eine persönliche Not wurde für mich zum Anlass, das Buch Ruth aufs Neue zu studieren, und dies wird auch immer der beste Anlass sein, die Bibel tiefer verstehen zu lernen. Als ich mich vor einiger Zeit in geistlicher Hinsicht gerade auf einem gewissen Tiefpunkt befand, hörte ich von einer Schallplatte die Klänge und Worte eines Liedes, das mir völlig neu war:

„Bedecke mich, bedecke mich,
Breit' deines Mantels Saum ganz über mich.
Denn du bist mir der nächste Verwandte!
Bedecke mich, bedecke mich, bedecke mich!"

Es gründet sich auf die Worte, die Ruth zu Boas in Kapitel 3, 9 sagt: „Breite den Zipfel deines Gewandes über deine Magd, denn du bist ein naher Verwandter." Ich war innerlich sehr bewegt, während ich das hörte. Ich sah, dass ich in geistlicher Hinsicht ebenso arm dran war wie Ruth, aber ich sah Jesus als meinen nächsten Verwandten, als meinen Boas, der das Recht hatte, mich aus meiner damaligen Notlage zu erlösen. So betete ich in ähnlichen Worten zu Gott, wie Ruth sie dem Boas gegenüber ausgesprochen hat. Ich bekannte ihm meine Not und bat ihn, sein Gewand über seinen irrenden Knecht zu breiten – das heißt, ich bat ihn, er möge sich meiner annehmen und mich aufs Neue befreien. Und das hat er an jenem Tage auch getan.

Seitdem habe ich den Chorus immer wieder gesungen, und dabei ist mir die besondere Bedeutung jener Worte „Breit' deines Mantels Saum ganz über mich" erst richtig aufgegangen. Ich habe manchmal empfunden, dass mein Herz so kalt war, und dann habe ich mich gefragt, ob der Mantel seiner Gnade sich wirklich bis zu mir erstreckt. Aber solchen Befürchtungen und Zweifelsgedanken hätte ich gar keinen Raum zu geben brauchen, denn ich habe entdeckt, dass jener Mantel aus einem Material besteht, das sich wunderbar strecken lässt, und dass die Gnade Gottes gerade für jede nur erdenkliche Notlage und Schuldverstrickung da ist. In dem Sinne beschrieb auch Charles Wesley die Liebe Gottes:

„So weit ist sie und schließet alle ein;
und so ging sie an mir auch nicht vorbei.“

So habe ich mich aufs Neue in das Buch Ruth vertieft, aus dem jenes Wort so zu mir gesprochen hatte. Daraus entstanden die herzbewegenden Kapitel dieses kleinen Buches, und ich bete, dass es auch dem Leser so gehen möge und dass diese Zeilen ihm eine neue Schau über Jesus als „unserem nächsten Verwandten“ vermitteln möchten.

Selbst Leute, die meinen, sie seien mit dem Büchlein Ruth vertraut, haben oft in Wirklichkeit nur eine oberflächliche Kenntnis der Geschichte; gewisse Einzelheiten, Feinheiten und tiefe Wahrheiten, die sehr wesentlich sind, um die Botschaft des Buches verstehen zu können, haben sie übersehen bzw. noch gar nicht entdeckt. So ging es auch mir – bis ich mit der vorliegenden Studie des Buches Ruth begann. Ich habe gefunden, dass diese Geschichte extrem kurz gefasst ist und dass es darin keine nebensächlichen Bemerkungen gibt; jede Aussage ist wesentlich für den Verlauf der Handlung in der Geschichte und ein wichtiger Bestandteil der Botschaft, die dieses Buch für uns enthält. Das bedeutet, man kann auch die geringfügigste Aussage nicht einfach weglassen in der Meinung, sie sei nebensächlich. Ich würde es dem Leser daher sehr empfehlen, immer wieder einmal in den Bibeltext selbst hineinzuschauen, damit er sich die Einzelheiten der Geschichte neu vergegenwärtigen kann.

1. Errettung und Erweckung in dem Buch Ruth

Während ich dieses reizvolle Buch, das nur vier Kapitel umfasst, studierte, habe ich entdeckt, dass es eine Geschichte ist über das große Thema „Erlösung". Mit „Erlösung" hat es insofern zu tun, als diese ganze Geschichte sich auf ein altes Gesetz Moses gründet, das folgende Bestimmung enthält: Wenn ein Mann Ländereien, die Eigentum seiner Familie sind, wegen Verarmung verkaufen muss, soll sein nächster Verwandter diese wieder einlösen und für ihn zurückkaufen (3. Mose 25,23-25). Bei jeder Verhandlung über den Verkauf von Landbesitz war man sich über diese bestehende Klausel völlig im Klaren. Landbesitz hat man immer mit dem Vorbehalt gekauft, dass irgendein naher Verwandter des bisherigen Besitzers – falls es einen solchen gäbe und dieser die Mittel besaß – jederzeit das Recht habe, dieses Land für seinen Bruder wieder zurückzukaufen, und jener Käufer durfte sich nicht weigern, es wieder zurückzugeben. Und ein solches Recht bestand nicht nur in Bezug auf Wiedereinlösung von Landbesitz, auch Personen konnten auf diese Weise wieder freigekauft werden. In 3. Mose 25,47-48 wird uns ein Fall geschildert, wie ein Mann nicht nur allen seinen Landbesitz, sondern auch sich selbst einem andern als Sklaven verkauft hat, um so womöglich seine Schulden bezahlen zu können.

Selbst in einem solchen Fall wird hier bestimmt, er solle „das Recht haben, wieder frei zu werden".

In jedem fünfzigsten Jahr, das das „Jubeljahr" genannt wurde, kam in jedem Fall alles Land wieder in den Besitz des ursprünglichen Eigentümers, und jeder Sklave wurde freigelassen, sodass er zu seiner Familie zurückkehren konnte (3. Mose 25,8-17). In jenem großen Fest-Jahr wurde durch Blasen von Trompeten im ganzen Land die Freiheit proklamiert, und es wurde angeordnet, dass „ein jeder von euch wieder zu seinem Besitz kommen und ein jeder zu seiner

Familie zurückkehren soll". Aber fünfzig Jahre bedeuteten eine lange Wartezeit; manch einer würde das nächste Jubeljahr gar nicht mehr erleben und somit niemals mehr in den Besitz seines Landes kommen oder mit seiner Familie vereinigt werden. So wurde es als ein wohltuendes Gesetz empfunden, dass dem nächsten Verwandten das Rückkaufsrecht verliehen wurde. Dieses Gesetz wurde gegeben, damit jedem Betroffenen die Möglichkeit offen blieb, gegebenenfalls schon vor dem fünfzigsten Jahr wieder in den Besitz des Landes bzw. der Freiheit zu gelangen.

Solch ein naher Verwandter eines Verarmten oder Versklavten, der das Recht hatte, für diesen einzutreten, hatte im Hebräischen einen speziellen Namen: Er wurde mit „goel" bezeichnet, und dieses Wort wird im Buch Ruth mit „naher Verwandter" wiedergegeben. Jedoch an anderen Stellen im Alten Testament wird es meistens mit „Erlöser" übersetzt. Wenn Sie also beim Lesen des Alten Testaments auf das Wort „Erlöser" stoßen, dann können Sie in den meisten Fällen annehmen, dass es sich um dieses Wort „goel" handelt mit allen Bedeutungen, die wir mit dem Erlöserbegriff verbinden.

Darüber hinaus hatte ein Mann, dessen Bruder ohne Nachkommen verstorben war, nach dem Gesetz Moses die Pflicht, die verwitwete Schwägerin zur Frau zu nehmen und so seinem Bruder einen Nachkommen zu verschaffen, der den Namen seines Bruders tragen und dessen Land erben sollte (5. Mose 25,5-10). Ohne diese Vorkehrung würde der Familienbesitz, der unter Josua jedem Stamm zugeteilt worden war, dieser Familie verloren gehen und die Familie selbst würde aussterben. Nach dem Gesetz in 5. Mose 25 hat nur der Bruder des Verstorbenen diese Pflicht, aber aus dem Zusammenhang der Geschichte im Buch Ruth geht hervor, dass man damals der Ansicht war, dem nächsten Verwandten, dem „goel", sei er nun der Bruder oder ein naher Verwandter, komme diese Pflicht zu.

Das Buch Ruth gründet sich auf diese beiden wohltuenden Gesetze Moses und stellt ein vollkommenes Beispiel innerhalb der Heiligen Schrift selbst dar, das uns zeigt, wie diese Bestimmungen sich in der Praxis auswirkten – es ist wirklich eine schöne Geschichte.

Das Schlüsselwort finden wir in Ruth 3,9, wo Ruth zu Boas sagt:

„Ich bin Ruth, deine Magd. Breite den Zipfel deines Gewandes über deine Magd, denn du bist ein naher Verwandter", ein „goel". Es verstieß keineswegs gegen den Anstand, dass sie ihn in jener Nacht in der Dresch-Tenne bat, er möge seinen Mantel über sie breiten. Es war eine symbolische Handlung, bei der sie sich auf jenes Gesetz berief und erwartete, dass er als ein „goel" von seinem Recht Gebrauch machen, das verlorene Erbe ihrer Familie zurückkaufen und sie heiraten würde. Sie war bedürftig und verarmt, und so berief sie sich auf das Gesetz, das Gott gegeben hatte, und vertraute, dass Boas auch dazu stehen würde.

Erlösung ist die größte Tat, die Gott in seiner Gnade tun kann; auf diese Gnade ist alle Wirksamkeit des Vaters, des Sohnes und des Heiligen Geistes gerichtet.

Es sind zwei große Werke, die Gott vollbracht hat; das erste ist die Schöpfung und das zweite die Erlösung. Sein erstes Werk, die Schöpfung, wurde durch Satan verdorben. Aber deshalb hat Gott sein Werk nicht aufgegeben. „Da machte er ein anderes Gefäß daraus, wie es ihm gefiel" (Jer. 18,4) – das ist Erlösung. Für das Werk der Schöpfung bedurfte es nur seines Wortes; er brauchte nur zu sprechen; aber um uns zu erlösen, musste er bluten. Und er war bereit, es zu tun, obwohl er wusste, dass es ihn einen solch großen Preis kosten würde. Das hat er nur aus seiner großen Gnade heraus getan. Gnade wird in einem Wörterbuch definiert als „eine Konzession, zu der man von Rechts wegen nicht berechtigt ist". Der Mensch hatte kein Recht zu erwarten, erlöst zu werden. Aber Gott hat es doch getan, sodass sich die Engel darüber verwunderten.

Für gewöhnlich setzen wir die Erlösung mit der Vergebung der Sünden gleich – aufgrund von Epheser 1,7: „Wir haben die Erlösung durch sein Blut, die Vergebung der Sünden." Gott Lob und Dank ist dies in der Erlösung auch inbegriffen. Aber wenn Sie das neutestamentliche Wort „Erlösung" im Lichte der alttestamentlichen Bedeutung sehen, auf welcher es ja basiert, dann werden Sie finden, dass es viel mehr bedeutet als nur Vergebung der Sünden. Erlösung ist das Werk der Gnade Gottes, durch das dem Menschen nicht nur die Sünden vergeben, sondern auch die Folgen der Sünde vollkommen überwunden und die dadurch verursachten Verluste wieder erstattet werden.

Und welche Verluste haben wir um unserer Torheit und Sünde, um unseres Stolzes willen hinnehmen müssen! Wir verlieren so die Glückseligkeit unserer Gemeinschaft mit Gott: „Wo ist die Glückseligkeit, die mich erfüllte, als ich zum ersten Mal den Herrn erblickte?“ Wir gehen der glücklichen Gemeinschaft mit unseren Lieben zu Hause, mit den Mitmenschen in der Gemeinde und in der Welt draußen verlustig, und wir machen uns die Menschen zu Feinden. Wir machen Fehler, treffen falsche Entscheidungen und setzen unseren eigenen Willen durch; daraus entstehen für uns dann schwierige und verworrene Situationen.

Aber Gott wird mit unserem Versagen und dessen Folgen dennoch fertig. Jesus Christus rettet verlorene Menschen und verlorene Situationen, und es macht für ihn keinen Unterschied, ob die Situation schon ein halbes Leben lang so verworren ist oder erst seit einem Tag. Und wenn er bei uns einkehrt, um uns zu erlösen, dann vergibt er uns nicht nur die Sünde, die wir ihm bekennen – er nimmt die ganze Situation, in die wir durch eigene Verschuldung hineingeraten sind, in seine Meisterhand und wendet alles zum Guten. Und wenn er erst einmal eingreift, dann tut er es auf eine ganz wunderbare Weise. Oft gibt er einem Menschen viel mehr zurück, als er durch seine Schuld verloren hatte, sodass seine Selbstanklagen verstummen und er nur noch staunen und den Herrn lieben und preisen kann für all die Gnade, die er einem schändlichen Versager erwiesen hat. O, welch ein großer und wunderbarer Erlöser ist unser Gott!

Das Wort „Erlösung“ ist in seiner tieferen Bedeutung sinnverwandt mit dem Wort „Erweckung“. Es sind Worte – wie auch die biblischen Begriffe: Wiederherstellung, Wiedererstattung, Erneuerung, Wiedergeburt, Neubelebung –, die von der Gnade Gottes sprechen. Diese Begriffe besagen, dass Gott wiederherstellt, was der Mensch verdorben hat. Finney sagt, Erweckung sei nichts anderes als ein Neubeginn: Gott tut etwas Neues, und wenn das in die Brüche geht, schafft er es nochmals neu.

Das Buch Ruth zeigt uns auf eine ganz besondere Weise, was die

Begriffe „Erlösung“ und „Erweckung“ in Wahrheit bedeuten. Und so lasst uns nun mit dem Lesen der Geschichte beginnen.

2. Naemi, die „verlorene Tochter" des Alten Testaments

„Voll zog ich aus, aber leer hat mich der Herr wieder heimgebracht."
(Ruth 1,21)

Das erste Kapitel des Buches Ruth ist sehr wichtig. Jeder Prediger weiß – oder sollte zumindest wissen –, dass er seinen Zuhörern klar machen sollte, in welcher Not sie sich befinden. Er kann nicht gleich mit der positiven Seite seiner Botschaft beginnen. Er muss die Leute erst davon überzeugen, dass sie sich wirklich in Not befinden und die Hilfe, über die er zu ihnen sprechen möchte, dringend brauchen. Ebenso verhält es sich bei dieser Geschichte: Bevor uns über die wunderbare Erlösung in dem Buch Ruth berichtet wird, werden wir mit der traurigen Vorgeschichte bekannt gemacht – eine Geschichte der Schwierigkeiten und des Verlustes, und so entsteht eine Notlage, die dem Erlöser Gelegenheit gibt einzugreifen und alle Not zu wenden. Davon handelt das erste Kapitel.

Obwohl dieses Buch nach Ruth benannt wird, steht im ersten Kapitel Naemi im Mittelpunkt, die wir als die „verlorene Tochter" des Alten Testaments beschreiben können. Während wir die Geschichte lesen, fallen uns gewisse Ähnlichkeiten auf zwischen ihr und dem verlorenen Sohn in jenem Gleichnis, das der Herr im Neuen Testament erzählt. Jener Sohn hätte bei seiner Rückkehr ganz gut die gleichen Worte sprechen können wie Naemi: „Voll zog ich aus, aber leer hat mich der Herr wieder heimgebracht." Jener blieb allerdings nicht leer, und ebenso wenig Naemi; darüber berichten dann die übrigen Kapitel des Buches Ruth.

Uns wird eingangs eine glückliche israelitische Familie vorgestellt. Der Vater hieß Elimelech, das ist Hebräisch und bedeutet: „Gott ist König". Sie wohnten in einer kleinen Stadt namens Bethlehem, was auf Deutsch „Brothaus" heißt, und zweifellos entspricht dieser Name jener fruchtbaren Gegend. Dort wurde viel Landwirtschaft betrieben und die Felder waren wunderbar fruchtbar; so gab es dort keinen Mangel. Der Name seiner Frau, Naemi, bedeutet im Hebräischen „die Angenehme", und dieser Name passt auch gut in die ganze Situation. Sie hatten zwei Söhne, einer hieß Mahlon und der andere Chiljon. Über die Bedeutung dieser Namen sind sich die Gelehrten nicht einig; so wähle ich die Bedeutungen, die zu meiner Botschaft am besten passen. Die Bedeutung des Namens Mahlon wird in einem Buch mit „Gesang" wiedergegeben, und Chiljon bedeutet „vollkommen". Wenn wir nun diese Bedeutungen der Namen als Beschreibung der Familie selbst und deren Situation auffassen – was für eine wunderbare Familie muss es dann gewesen sein! Gott war ihr König, sie wohnten in einem Brothaus, sie hatten ein angenehmes Leben, sie haben viel gesungen, und ihr Glück war vollkommen.

Ob Sie diese Darstellung nun als ziemlich phantastisch empfinden oder nicht – hier wird uns auf jeden Fall bildhaft dargestellt, was es heißt, in Christus zu leben. Wenn wir Jesus als unseren Herrn erkannt und akzeptiert haben, möchte Gott unser König sein, der uns in allen Dingen regiert. Und wenn er wirklich König in unserem Leben sein kann, werden wir entdecken, dass wir in einem Brothaus leben, denn Jesus hat gesagt: „Wer zu mir kommt, den wird nicht hungern; und wer an mich glaubt, den wird nimmermehr dürsten" (Joh. 6,35). Und das bedeutet, dass wir in ihm wirklich alles haben, was wir brauchen. Ein solches Leben können wir nur als angenehm empfinden und bezeichnen, denn in Bezug auf die Weisheit wird gesagt: „Ihre Wege sind liebliche Wege, und alle ihre Steige sind Frieden" (Spr. 3,17). Das bedeutet nicht etwa, dass wir es immer leicht haben werden, aber innerlich werden wir immer zufrieden und glücklich sein. Die Mahlon-Erfahrung darf immer unser Teil sein: Wir dürfen dem Herrn Loblieder singen, der uns in aller Not hilft. Auch die Chiljon-Erfahrung darf die unsere sein, wenn wir in Christus leben, denn in ihm haben wir die Fülle und sind vollkommen. So sieht nach dem Willen Gottes ein Leben aus, in dem er König sein und regieren darf.

In dieser Geschichte wird uns nun aber berichtet, dass eine Hungersnot ins Land kam, besonders in Bethlehem-Juda. Offenbar blieb der Regen in den betreffenden Jahreszeiten aus, wahrscheinlich nicht nur ein Jahr lang, sondern mehrere Jahre. Infolgedessen gab es keine Ernten, und so entstand eine schreckliche Hungersnot in der Gegend. Wie ist so etwas möglich – Hungersnot im Brothaus? Das ist ja das genaue Gegenteil von dem, was der Name „Bethlehem" besagt; so wurde dieser wunderbare Name verleugnet. Hatte Gott nicht in Bezug auf das verheißene Land gesagt, es sei ein Land, darin Milch und Honig fließen? Ein Land, in dem sie genug Brot zu essen und keinen Mangel haben würden? Doch, das hatte er gesagt; aber er hatte auch wiederholt gesagt, wenn sein Volk, das nach seinem Namen genannt ist, sich von ihm abwenden sollte und andere Götter anbetet, seine Gebote übertritt und darüber nicht Buße tut, dann werde er den Himmel verschließen müssen, dass es nicht regnet, und den Heuschrecken gebieten, ihr Land zu verderben und außerdem Pestilenz unter sein Volk senden (2. Chron. 7,13-14).

Bildlich gesehen, geschieht dies leider auch oft im Leben eines Christen. Ja, das Christsein ist für ihn ein Land, darin Milch und Honig fließen, aber wenn er sich in dieser oder jener Sache von dem Herrn, seinem Gott, abwendet und sich nicht vom Wort Gottes korrigieren lässt, das ihn bestimmt immer wieder mahnt und warnt, dann hält er es für notwendig, den Himmel über seinem Haupt zu verschließen, sodass es nicht mehr regnet – damit sein Kind auf diese Weise wieder zurechtgebracht wird. Die erfrischenden Erfahrungen und Segnungen des Heiligen Geistes bleiben für ihn aus, das Wort der Bibel spricht nicht mehr zu seinem Herzen, die Gebete sind leer und nichts sagend, es fällt ihm schwer, Gott zu bezeugen und Christus zu dienen, er hat nicht mehr wie früher solch ein freudiges Zeugnis. Welch schreckliche Möglichkeit, dass solche Hungersnot über unser Leben kommen kann! Amos spricht von einem Hunger, „nicht einem Hunger nach Brot oder Durst nach Wasser, sondern nach dem Wort des Herrn, es zu hören!" (Amos 8,11). Das ist in der Tat eine Hungersnot, wenn wir seine Stimme nicht mehr vom Himmel her hören – und wer von uns kennt nicht solche Zeiten? Das alles können Sie im „Brothaus“ erleben!

Aber Gott hat auch gesagt, wenn sein Volk, das nach seinem Namen genannt ist, sich in solch einer Situation befindet, sich demütigt und betet, sein Angesicht sucht und sich von seinen bösen Wegen abwendet, dann werde er vom Himmel her auf ihr Schreien hören, ihre Sünden vergeben und ihr Land heilen. Und gerade das hätte Elimelech tun sollen, als er sich in dieser Hungersnot befand. Zweifellos war er ein Mann in leitender Stellung in jener Stadt; er hätte dort bleiben und bestimmte Tage festsetzen sollen, an denen das Volk sich vor Gott demütigte und zu ihm betete. Er hätte selbst das Angesicht Gottes suchen sollen, um von ihm zu erfahren, aus welchem Grund er den Himmel verschlossen hatte und dann das Unrecht in Ordnung zu bringen, das Gott ihm daraufhin offenbart hätte. Wenn er das getan hätte, wäre Gott ihnen ohne Zweifel gnädig gewesen, er hätte ihr Gebet vom Himmel her erhört und das Land geheilt.

Aber Elimelech hat es nicht getan. Er hat sich einen anderen Ausweg gesucht. Im benachbarten heidnischen Land Moab gab es anscheinend keine Hungersnot. Ihre Felder waren grün und Frucht tragend. Anstatt in seinem Land zu bleiben und danach zu trachten, zusammen mit seinen „Volksgenossen“ mit Gott in Ordnung zu kommen, versammelte er seine kleine Familie und wanderte nach jenem Land aus in der Überzeugung, dass er es dort besser haben werde. So verließ er sein kostbares Land, das schon seit der Landausteilung durch Josua seiner Familie gehörte.

Aus dem Bericht geht nicht klar hervor, ob er zu diesem Zeitpunkt seine Ländereien tatsächlich verkauft hat; wahrscheinlich nicht, denn es wird uns gesagt, dass er auszog, „um dort eine Zeit lang als Fremdling zu wohnen“. Sicherlich hat er zu seinen Freunden gesagt: „Ich gehe nur für eine kurze Zeit weg, nur besuchsweise; ich werde bald wieder zurück sein.“ Aber er kam niemals wieder zurück, ebenso wenig seine Söhne. Und als Naemi schließlich zurückkehrte, nachdem zehn lange Jahre vergangen waren, während welcher Zeit das Familienland unbebaut geblieben war, fand sie, dass darauf hohes

Gras gewachsen und das Familienhaus selbst zusammengefallen und unbrauchbar geworden war.

Gerade so machen wir es auch. Anstatt in Zeiten der Hungersnot das Angesicht des Herrn zu suchen, um zu erfahren, warum es mit uns so steht, schauen wir uns nach anderen Ländern um, während unser Herz erkaltet ist und wir die Nähe des Herrn nicht mehr verspüren; wir schauen uns nach den Feldern der Welt um und hängen unser Herz daran. Wenn ich von der „Welt“ spreche, dann gebrauche ich dieses Wort in dem Sinn wie der Apostel Johannes; er sagt: „Habt nicht lieb die Welt“ (1. Joh. 2,15). Damit meint er natürlich nicht die äußere, natürliche Welt, sondern die menschliche Gesellschaft, wie sie mit allen ihren Einrichtungen ohne Gott dahinlebt. Freundschaft mit dieser Welt, mag sie nun offensichtlich schlecht sein oder nicht, ist „Feindschaft wider Gott“ (Jak. 4,4).

Und hierin liegt der Grund, dass einige Christen ganz oder nur teilweise in die Welt zurückgehen: Sie tun es nicht, weil die Welt so attraktiv für sie wäre, sondern weil „Bethlehem“ für sie so trocken geworden ist. Jesus ist ihnen nicht mehr so real. Sie haben das Gefühl, sie müssten auch noch ein bisschen Spaß im Leben haben, ein bisschen Freude, etwas zum Zeitvertreib. Für sie hat die Gemeinschaft mit den Heiligen nichts Anziehendes mehr, es kommt ihnen alles so tot und langweilig vor.

Aber bei wem liegt der Fehler? Könnte es nicht sein, dass gerade sie tot und trocken sind und nicht die anderen Gläubigen? An wem mag es liegen, dass der, an dem die anderen sich so freuen können, ihnen nichts mehr bedeutet, sodass ihr Herz Ausschau hält nach den Gefilden Moabs? Der Fehler wird natürlich immer bei ihnen selbst, bei uns selbst liegen. Aber anstatt dies einzusehen und zur Quelle aller Freude zurückzukehren, gehen wir wie der verlorene Sohn und wie Naemi in ein fernes Land, um einigen Ersatz für das, was wir verloren haben, zu finden.

Und während wir das tun, geben wir unser kostbares Erbe der Freude und der Freiheit in Jesus Christus preis.

Wir sind von dem weggegangen, in dem wir alles Gute hatten, und dadurch sind uns nur viele neue Probleme entstanden. Fern von ihm bleibt unser Erbe in Christus ungenutzt, wir können uns nicht daran erfreuen. Wir reden uns selbst ein, wir nähmen nur für kurze Zeit Zuflucht zu den Gefilden Moabs, sozusagen nur besuchsweise, um einmal etwas anderes zu haben – nur, um einmal ein wenig abzuweichen von der bei der Bekehrung vollzogenen Hingabe an Christus, um genießen zu können, was die Welt anzubieten hat. Aber, wissen Sie, es bleibt nicht immer bei nur einer kurzen Zeit. Vielleicht befinden Sie sich heute noch dort, nachdem Sie Ihre einst fruchtbaren Felder verlassen haben.

Gottes Züchtigungsmittel

Wenn wir es vorziehen, in jenem fernen Land zu bleiben, wird es Gott sicherlich nicht an Mitteln fehlen, uns zurückzubringen. Naemi war noch nicht viele Jahre im Moabiterland, als Gott anfing zu wirken, um sie zurückzuführen – und das aus Liebe zu ihr.

Wir wollen unsere Aufmerksamkeit nun der Naemi zuwenden – und nicht etwa Elimelech. Es interessiert uns nun, wie sie dazu kommt, wieder heimzukehren. Es waren zwei Dinge, die Gott benutzte, um sie dazu zu bringen, über die falsche Einstellung und Entscheidung ihrer Familie Buße zu tun und heimzukehren. Zunächst legte er seine züchtigende Hand auf ihre Familie, und sie verlor ihren Mann Elimelech. Obwohl dies ein harter Schlag für sie war, vertröstete sie sich damit, dass sie in ihrer Familie ja noch zwei Verdiener und Ernährer hatte, nämlich ihre beiden Söhne – bis Gott dann auch diese hinwegnahm. Da war sie in der Tat beraubt, verlassen von ihrem Mann und ihren zwei Söhnen, allein in der Welt in einem Land, worin sie ein Fremdling war, mit zwei moabitischen Schwiegertöchtern, mit denen sie ja nicht blutsverwandt war und mit denen sie nichts weiter verband außer der Tatsache, dass sie mit ihren Söhnen verheiratet gewesen waren. Durch Gottes Eingreifen wurde das Leben in jenem Land für sie recht bitter. Sie selbst drückt sich so aus: „Nennt mich nicht Naemi, sondern Mara (das heißt: bitter); denn der Allmächtige hat mir viel Bitteres angetan" (Ruth 1,20).

Gott hat uns so lieb, dass er die Dinge so leitet und nicht eher locker lässt, bis er uns zurückgebracht hat. Und sehr oft ist es irgendein Verlust, den er uns erleben lässt, um uns zurückzubringen. Zuerst stirbt Elimelech, das heißt, Gott ist nicht mehr König in unserem Leben. Das ist tatsächlich ein großer Verlust, obwohl wir es zunächst nicht als solchen empfinden, denn wir ziehen es vor, nicht seinen Weg, sondern unseren Weg zu gehen. Aber dann werden wir inne, dass auch Mahlon und Chiljon sterben: Wir verlieren unseren Lobgesang und das Empfinden, ein ausgefülltes Leben zu haben. Es bleibt nur noch die schwache Erinnerung, dass wir einmal eine Zeit hatten, wo wir uns freuen konnten. Manchmal greift er dann noch direkter in unsere Angelegenheiten ein, damit wir endlich realisieren, dass er uns etwas sagen möchte, und da lässt er es zu, dass wir in allerlei Schwierigkeiten und Nöte kommen, und so werden wir ganz vergrämte Christen.

Hier möchte ich jedoch betonen, dass wir diese Erfahrungen nicht als Strafe auffassen sollten. Solch schwere Führungen sollen immer dazu dienen, dass wir mit Gott wieder in Ordnung kommen. Was immer ein Mensch auch erleiden muss, wie schwer und verhängnisvoll das Los auch sein mag, das ihn trifft, es kann niemals die Rede davon sein, dass dies die Strafe für die Sünde ist – aus dem einfachen Grund, weil unsere Leiden bei weitem nicht dem entsprechen, was wir für unsere Sünde verdient hätten. Nur was Jesus am Kreuzesstamm für uns erlitten hat, entspricht der Strafe, die wir verdient hätten. Dort, und nur dort, hat unsere Sünde den rechten Lohn empfangen. Nein, all diese Nöte sind dazu bestimmt, uns zu Gott zurückzubringen, der uns ja so sehr liebt; sie sollen uns dazu bringen, über unsere eigenen Wege Buße zu tun, und sie sollen dazu dienen, dass das fremde Land für uns nicht mehr so attraktiv ist und wir den Entschluss fassen, wieder heimzukehren. Darum sagt William Cowper: „Hinter dem drohenden Schicksal verbirgt er sein lächelnd Angesicht.“

Hinter all dem dürfen wir immer die Liebe Gottes sehen, die uns wieder zurechtbringen möchte.

Hier muss ich kurz innehalten und diese Wahrheit noch klarer herausstellen, sonst könnten wir Gottes Handeln mit uns immer noch falsch verstehen, denn dazu neigen wir alle sehr. Wenn wir ein schlechtes Gewissen haben, dann haben wir gleich das Gefühl, Gott sei gegen uns eingestellt, und alle Widerwärtigkeiten, die uns nun begegnen, betrachten wir dann als Strafe. Aber so ist es nicht. Wir müssen in dem Zusammenhang jenes Wort des Paulus genau beachten: „Gott war in Christus und versöhnte die Welt mit sich selber und rechnete ihnen ihre Sünden nicht zu" (2. Kor. 5,19). Lasst uns besonders den letzten Satzteil beachten. Worin die Widerwärtigkeiten auch immer bestehen mögen – sie haben nichts damit zu tun, dass Gott uns unsere Sünden anrechnen würde, weil er sie schon Jesus am Kreuz zugerechnet hat. „In allen ihren Bedrängnissen fühlte auch er sich bedrängt" (Jes. 63,9). Es ist einfach nur die Liebe Gottes, die darauf bedacht ist, uns wiederherzustellen.

Aus diesem Grund habe ich das Wort „Züchtigung" geflissentlich vermieden, das in Hebräer 12 erscheint, denn wenn wir von „Züchtigung" lesen, denken wir, wir würden also doch bestraft. Unser furchtsames Herz meint bei diesem Wort, dass Züchtigung vielleicht doch etwas mit unserer Schuld zu tun habe. Aber dieses Wort hat mehr mit Erziehung und Belehrung zu tun. Trifft uns also irgendein Missgeschick, eine geistliche oder materielle Not, dann sollten wir nicht fragen, warum dies über uns gekommen ist, vielmehr sollten wir fragen: Was will Gott uns dadurch lehren? Und dann werden wir bestimmt feststellen, dass er uns auf irgendeinem Gebiet wieder zurechtbringen möchte, und zwar vielleicht gerade in einem Punkt, an den wir gar nicht gedacht haben.

Dieser Gedanke könnte denen eine Hilfe sein, die nach ihrem besten Wissen und Gewissen Gott immer gehorsam waren und denen kaum nachgesagt werden kann, sie seien ins Land Moab gegangen, und die trotzdem durch schwere Prüfungen zu gehen haben. Ich glaube, dass die Prüfung auch in diesem Fall dazu dienen soll, den Betreffenden in irgendeiner Sache zurechtzubringen.

Wir erkennen gar nicht, wie viel wir durch den Fall Adams verloren haben und wie sehr das Ebenbild Gottes in uns entstellt worden ist. Wir geben uns wenig Rechenschaft darüber, wie sehr wir in allem vom eigenen Ich beherrscht und bestimmt werden. Aber Gott sieht es, und er ist unermüdlich an der Arbeit, dieses sein Ebenbild in uns wiederherzustellen, und das ist nicht das Werk eines einzigen Tages. Es nahm seinen Anfang bei unserer Wiedergeburt und wird unser ganzes Leben lang währen. Er will uns vollkommen wiederherstellen und wird nicht ruhen, bis wir auf allen Gebieten von der Herrschaft des eigenen Ichs befreit sind. Und die Prüfungen und Verluste sollen uns zumindest Gelegenheit bieten, uns ihm völlig auszuliefern.

Die Unterwerfung unseres Ichs unter Gott wurde nicht erst infolge des Sündenfalls notwendig, sie war auch schon vorher erforderlich. Jemand hat gesagt: „Wir erfahren das Kreuz in unserem Leben, wenn der Wille Gottes den unseren durchkreuzt und wir uns dem Willen Gottes unterwerfen." Schon bevor die Sünde in das Leben Adams kam, war er zu diesem Weg berufen. Es ist denkbar, dass Gott Adam oft veranlasst hat, etwas zu tun, das seinen eigenen Wünschen absolut entgegen war, zum Beispiel, aufzustehen und irgendeinen Auftrag auszuführen, wo jede Faser seines Leibes danach verlangte, zu ruhen und zu schlafen. Vor dem Fall war das ganze Wesen des Menschen in seinem Verhältnis zu Gott derart, dass er völlig los war vom eigenen Ich, sodass Adam in solch einem Fall sofort und gerne den Willen Gottes tat und dankbar war, eine Gelegenheit zu haben, für den da zu sein, den er liebte. Der Sündenfall des Menschen bestand ganz einfach darin, dass er sich weigerte, dies zu tun, und dadurch wurde es zu einem wesentlichen Bestandteil seiner Natur, sich fortan beständig gegen Gott aufzulehnen. Die Folge war, dass der Mensch sich gegen alles, was ihm unbequem war, gegen alle Schwierigkeiten, die ihm begegneten, auflehnte, dass er sich darüber ärgerte und es nicht als den Willen Gottes hinnehmen wollte. Und alle seine Nachkommen haben diese Neigung zur Ichbezogenheit geerbt (Paulus bezeichnet sie in seinen Briefen als „Fleisch"), und sie handeln und reagieren in der gleichen Weise wie ihr Vater.

Prüfungen und Verluste sollen die Naemis nicht nur dazu bewegen, Buße darüber zu tun, dass sie in das Land Moab hineingeraten sind, sondern sie sollen auch dem gehorsamsten Diener Gottes eine Gelegenheit bieten, seine eigenen natürlichen Wünsche Gott zu unterwerfen, um dadurch tiefer in die Gemeinschaft mit Gott zu kommen, bei der – um es nochmals zu sagen – es schon von jeher darauf ankam, den eigenen Willen Gott zu unterwerfen. Ich sprach von dem gehorsamsten Diener Gottes – aber gehorchen wir ihm wirklich immer sofort? Als Söhne eines gefallenen Adam muss unsere Hingabe an Gott in jedem Fall mit dem Bekenntnis beginnen, dass wir nicht sofort bereit waren, uns ihm zu unterwerfen, ja dass wir ihn vielleicht lange haben warten lassen.

Gute Nachricht von zu Hause

Wir müssen nach dieser wichtigen Erörterung nun wieder zu unserer Geschichte kommen.

Noch eine zweite Sache hat Gott dazu benutzt, Naemi nach Bethlehem zurückzubringen, nämlich die Nachricht über eine Erweckung in ihrer Heimat: „Sie hatte im Moabiterland erfahren, dass der Herr sich seines Volkes angenommen und ihnen Brot gegeben hatte" (Ruth 1,6). Es hatte sich herumgesprochen, dass die Hungersnot vorüber war; es hatte geregnet, und die Felder trugen wieder ihre Frucht, und die Leute freuten sich darüber.

Dies ist ein schönes Bild für die Erweckung. Das konnte nur damit zusammenhängen, dass die Leute in der Heimat Buße getan hatten. Vielleicht hatten ein oder zwei Propheten zu ihnen im Namen des Herrn gesprochen und ihnen gesagt, was die Ursache der Hungersnot gewesen war, worin sie sich Gott gegenüber verschuldet hatten; das Volk hatte daraufhin Buße getan, und Gott hatte ihr Land geheilt. Solche Nachrichten, die Naemi in ihrer Armut und in ihrem Elend vernahm, waren offensichtlich dazu angetan, ihre Füße heimwärts zu lenken. Ebenso war es auch bei dem verlorenen Sohn im Neuen Testament. Es war der Gedanke, dass im Haus seines Vaters selbst die Knechte Brot genug und sogar im Überfluss hatten, der ihn hauptsächlich dazu brachte, sein Angesicht heimwärts zu richten.

Vielleicht hatten Naemi und Elimelech Recht gehabt, wenn sie sagten, dass alles so trocken in Bethlehem war. Vielleicht hatten Sie in gewisser Hinsicht auch Recht, wenn Sie Ähnliches über die Gläubigen gesagt haben. Aber Gott wird dafür sorgen, dass Sie in Ihrem Moabiterland die Nachricht vernehmen: Es ist dort gar nicht mehr so trocken; Gott hat Erweckung geschenkt, einige haben Buße getan und sich wieder Jesus zugewandt, und es ist eine ganz neue Liebe unter ihnen, mit einem Wort: Gott hat sich seines Volkes angenommen und ihnen Brot gegeben.

Zuweilen wird eine Naemi von heute einem strahlenden Christen begegnen, der ihr seine Freude in ihrem Elend mitteilen möchte. Dieser Christ wird sicherlich sogleich eingestehen: „... aber es ist nicht immer so mit mir gewesen; bis vor kurzem ist in meiner Seele solch ein Hunger gewesen, und auch ich steckte in tiefem Elend. Aber Gott hat mir Gnade gegeben, wieder zum Kreuz zu kommen, und nun ist alles neu geworden." Solch ein Zeugnis wird auf den Zuhörer eine wunderbare Wirkung haben, und dieser wird dann sagen: „Wenn Gott so etwas an diesem Menschen tun konnte, dann kann er das Gleiche auch für mich tun." Und wieder möchte eine Naemi heimkehren.

Naemi machte sich nicht auf den Heimweg, als hätte sie überhaupt nichts Falsches getan. Infolge der Züchtigung Gottes und auf die Nachricht hin über die Erweckung in ihrer Heimat hat Naemi zuerst einmal wirklich Buße getan, dass sie von Bethlehem überhaupt weggegangen war. Dass sie tatsächlich Buße getan hat, wird deutlich aus den Worten, die sie in diesem Zusammenhang ausspricht. Sie sagt in diesem Kapitel an einer Stelle: „... die Hand des Herrn ist gegen mich gewesen" (1,13). An anderer Stelle sagt sie: „Der Allmächtige hat mir viel Bitteres angetan" (1,20), und in Vers 21 sagt sie: „Warum nennt ihr mich denn Naemi, da doch der Herr gegen mich gesprochen und der Allmächtige mich betrübt hat?" In diesen Worten liegt keine Klage, sie bringt nur schlicht und demütig zum Ausdruck, dass sie durch die Zulassung des Herrn Schweres durchgemacht hat und dass sie ihre Lektion gelernt hat.

Der Weg der Buße ist der Weg zurück zu Gott und zu seinen Segnungen. Buße hat nichts damit zu tun, dass man versucht, den Faden da wieder aufzunehmen, wo man ihn hat fallen lassen; das wäre nicht die echte Buße. Buße heißt: Gott Recht geben, zugeben, dass Gott uns gezüchtigt und dass er uns mit Recht betrübt hat, und da haben wir gar keinen Grund zu klagen. In der Buße erkennen wir an, dass Gott im Recht ist und wir im Unrecht sind in dem Punkt, auf den er seinen Finger legt. Und das tun wir am Fuße des Kreuzes, wo der Gerechte für den Ungerechten gestorben ist, um uns in Gemeinschaft mit Gott zu bringen. Dort können wir ruhig eingestehen, dass wir Unrecht getan haben.

Sie kehrt zu einem Nichts zurück

Nun kommen wir – wie ich meine – zu dem Hauptpunkt dieses ersten Kapitels des Buches Ruth, der es mit den darauf folgenden Kapiteln verbindet. Naemi findet bei ihrer Rückkehr ein Nichts vor. Sie sagt es selbst: „Voll zog ich aus, aber leer hat mich der Herr wieder heimgebracht" (1,21). Zweifellos hatte sie Geld, als sie auszog, aber als sie heimkehrte, hatte sie nichts. Sie zog aus mit ihrem Mann und zwei Söhnen, aber sie musste ohne ihre Lieben heimkehren. Als sie zurückkam, musste sie sehen, wie ihre Freundinnen noch ihre Männer und Söhne hatten und sich an ihren Enkelkindern freuen durften. Aber Naemi hatte das alles nicht mehr; ihre einst gehegten Zukunftshoffnungen lagen in Moab begraben. Alles was sie mitbrachte, war eine heidnische Schwiegertochter, und sie bezweifelte ernstlich, ob ihr Volk sie überhaupt aufnahm. Und zudem hatte sie nun, nachdem sie heimgekehrt war, gar kein Land.

Nachdem ich das Buch Ruth zum ersten Mal gelesen hatte, dachte ich, Elimelech musste den Familienbesitz verkauft haben, als er Bethlehem verließ, denn in dieser Geschichte wird ja erzählt, wie das Land wieder zurückgekauft wird. Bei der in Kapitel vier berichteten Verhandlung im Tor zu Bethlehem geht es darum, wer Naemis Land zurückkaufen solle, Boas oder ein anderer Verwandter, und da dabei das Wort „erlösen" (bzw. „zurückkaufen") gebraucht wird, könnte man nur denken, dass es verkauft worden war. Aber in Vers drei sagt Boas: „Naemi, die aus dem Land der Moabiter zurückgekommen ist, bietet feil den Anteil an dem Feld, der unserem Bruder Elimelech gehörte" (4,3). Daraus müsste man allerdings schließen, dass dieses Land in Wirklichkeit nicht verkauft worden war, bevor sie weggingen; es war demnach noch da, aber es war zehn Jahre lang nicht gepflegt worden und ganz verwildert, und das alte Bauernhaus war eingefallen. Sie kam nun ohne Männer zurück, die das Land hätten bebauen und bearbeiten können.

Offensichtlich ist sie nach ihrer Heimkehr zuerst darangegangen, ihr Land dem zu verkaufen, der am meisten bot. So können wir das Land zu diesem Zeitpunkt als tatsächlich verkauft betrachten, und das Wort „erlösen, zurückkaufen" ist dann in diesem Fall eigentlich nicht angebracht. Familienland zu verkaufen bedeutet, etwas zu verkaufen, das jede hebräische Familie als höchsten und wertvollsten Besitz betrachtete. Jede Familie war bestrebt, ihr Land für die zukünftigen Generationen zu sichern. In diesem Fall jedoch gab es keine zukünftigen Generationen mehr als Nachkommen von Elimelech, da die Schwiegertochter ja eine kinderlose Witwe war. Das bedeutete, dass dieses Familienland in andere Hände gehen musste und dieser Familienname ausgelöscht sein würde. Die Einzigen in Israel, für die das Land hätte zurückgekauft werden können, wären Naemi und Ruth gewesen, doch die hatten an eine solche Möglichkeit zunächst kaum gedacht.

Genauso steht es auch mit uns. Wenn wir zu Gott zurückkehren, kommen wir mit leeren Händen. Auch wir müssen dann bekennen: „Voll zog ich aus, aber leer hat mich der Herr wieder heimgebracht", so leer, dass wir nichts haben, womit wir das verlorene Erbe wieder zurückgewinnen könnten.

Genau davon spricht auch jenes Wort in Matthäus 16,26, das so oft zitiert wird: „Was hülfe es dem Menschen, wenn er die ganze Welt gewönne und nähme doch Schaden an seiner Seele? Oder was kann der Mensch geben, damit er seine Seele wieder löse?" Dies Wort ist zwar sehr gut bekannt, aber haben wir seinen Sinn auch wirklich verstanden? Wir finden darin zwei Fragen. Erstens, was hat ein Mensch davon, wenn er gewinnt, was die Welt zu bieten hat und dabei doch seine eigene Seele, das heißt, seine Gemeinschaft mit Gott, verliert? Und die darin enthaltene Antwort lautet: Er gewinnt nichts dabei, im Gegenteil, er verliert dabei unendlich viel. Die nächste Frage lautet: Wenn es mit ihm aber so weit gekommen ist, was kann er geben, damit er das Verlorene wieder zurückbekommt und den Handel rückgängig machen kann? Jesus will offensichtlich sagen: Er kann nichts dazutun; was er einmal getan hat, lässt sich nicht rückgängig machen. Auch wenn er sich noch so anstrengen und viele Tränen vergießen mag, gibt es nichts, womit er die Sünde wieder gutmachen kann, die er begangen hat, um wiederzugewinnen, was er so mutwillig und leichtsinnig verkauft hat.

Mit anderen Worten: Was wir in unserem Leben durch unsere Sünde und Torheit angerichtet haben, lässt sich außerhalb der Gnade Gottes nicht mehr wieder gutmachen. Was könnten wir sonst tun, um den Frieden wieder zu erlangen, den wir verloren haben, nachdem wir so viel Schuld auf uns geladen haben? Wie könnten wir die verzwickte Lage, in die wir durch unsere eigene Schuld hineingekommen sind, in eigener Kraft wieder entwirren? Und die Antwort – sofern wir dafür überhaupt ein Gehör haben – muss lauten: Nichts können wir tun! Wir haben die uneingeschränkte Möglichkeit, Sünden zu begehen (und zu welchen „Helden" entwickeln wir uns, wenn wir uns einmal für die Sünde entschieden haben!), aber wir haben überhaupt keine Möglichkeit, die Sünde wieder gutzumachen und ihre Auswirkungen in unserem eigenen Leben und in dem anderer rückgängig zu machen.

Manchmal kommen wir auf den Gedanken, wir könnten alles wieder gutmachen, wenn wir bessere Christen würden und freundlicher zu unseren Mitmenschen wären. Aber ich für meinen Teil muss sagen, in dem Moment, wenn ich den Eindruck habe, ich sei ein bisschen weiter gekommen, bedeutet dies schon von vornherein eine Niederlage, denn ich weiß aus Erfahrung, dass mir gerade dieser vermeintliche Fortschritt zum Fallstrick wird. Vielmehr lasst uns umkehren, aber in der Weise wie Naemi und Ruth, mit leeren Händen.

Doch Sie dürfen Mut fassen: Ruth und Naemi kehrten wohl leer zurück, doch sie blieben nicht leer. Eben davon handelt diese Geschichte: wie Menschen, die nichts mehr hatten, nachher die Fülle hatten. Und das nur aufgrund der Tatsache, dass zu Hause jemand mit ihnen nahe verwandt war. Und auch Sie werden nicht leer bleiben. Wenn Sie als ein Sünder, der nichts zu bringen hat, zu Gott umkehren und bekennen: „Ich bin vollkommen im Unrecht, ich bin an allem schuld", dann werden Sie die Gnadenwirkungen dessen erfahren, der das Recht hat, alles zurückzukaufen, nämlich Ihr nächster Verwandter.

Ruth bekehrt sich

In einem wichtigen Punkt unterschied sich Naemi, die verlorene Tochter des Alten Testaments, von dem verlorenen Sohn im Neuen Testament, nämlich darin, dass sie, als sie von dem fernen Land zurückkam, noch jemand mitbrachte. Wenn ein Mensch von Gott weggeht, nimmt er sehr oft noch andere mit sich; aber es kommt auch vor, dass jemand, der Buße tut und sich dem Herrn zuwendet, auch andere mitbringt, die dann seinem Beispiel folgen. So war es auch bei Naemi. Sie brachte Ruth mit, und Ruth wollte sich nicht nur in Israel einbürgern, sondern sie hat sich wirklich bekehrt. Denn Ruth sagte nicht nur: „Dein Volk sei mein Volk", sondern, was noch wichtiger ist: „Dein Gott sei mein Gott." Was kann dies anderes bedeuten als eine alttestamentliche Bekehrung?

Nun war aber die Wahl der Ruth insofern sehr erstaunlich, als sie doch wusste, dass der Gott der Naemi es war, der, wie es doch den Anschein hatte, all die Trübsal über sie gebracht hatte. Aufgrund dessen konnte dieser Gott für ein heidnisches Mädchen nicht gerade viel Anziehendes gehabt haben. Solche Gedanken mag Naemi gehabt haben, als sie sagte: „Mein Los ist zu bitter für euch, denn des Herrn Hand ist gegen mich gewesen" (1,13). Vielleicht hatte sie vorher immer gehofft, dass sich ihre beiden Schwiegertöchter bekehren. Möglicherweise hat sie immer wieder versucht, ihnen klar zu machen, wie gut und segensreich das Gesetz Gottes war, damit sie sich auch für ihn entscheiden möchten. Aber nunmehr fürchtete sie, alles Geschehene habe auf sie nur eine abstoßende Wirkung gehabt – schließlich hatten sie selbst ja auch durch tiefes Leid gehen müssen, als sie ihren Ehemann verloren. Aber all das Leid hat sich bei Ruth nicht in der Weise ausgewirkt. Sie konnte trotz allem sagen: „Dein Gott sei mein Gott."

Wie kam es, dass sie diese Wahl treffen konnte? Ich nehme an, dass all das, was in Naemi vor sich ging, ihre Buße vor Gott und der Herzensfriede, den sie dann empfing, auf Ruth einen tiefen Eindruck gemacht hat. Und während sie das alles beobachtete, kam die Gegenwart Jahwes über die Leidgeprüften, und Ruth sah, dass er den Sündern gegenüber barmherzig und gnädig ist. Denn es steht fest: Wenn jemand vor Gott Buße tut, dann wird er auch erfahren, dass er die Sünden vergibt und alles wieder in Ordnung bringt und zum Besten wendet; warum sollte man sonst Buße tun?

An einem Gerichtshof tut gewöhnlich kein Gefangener Buße (ich bin schon am Gericht gewesen und weiß das aus Erfahrung), und zwar aus dem einfachen Grund, weil dadurch gar nichts gewonnen ist; das Gerichtsverfahren läuft weiter, ungeachtet dessen, was der Gefangene bekennt. Darum bleibt der Gefangene gewöhnlich verschwiegen, er verteidigt sich nur. Gäbe es jedoch ein Gericht, das Kriminelle begnadigt, anstatt sie zu richten, wenn sie ihre Verbrechen bekennen, dann wären sie wohl alle versucht, sofort zu bekennen, damit sie schnell wieder frei sind. Und als Ruth sah, wie ihre Schwiegermutter vor Gott den Platz eines Sünders einnahm und ihm ihre Sünde bekannte, wurde es ihr langsam klar, dass Naemis Gott, den sie Jahwe nannte, den Sündern gegenüber gnädig und barmherzig ist. Und nur, weil Naemi ihren Gott kannte, hat sie sich so vor ihm gedemütigt. Diese einzigartige Offenbarung seines Wesens hatte Gott Israel an jenem Tag gegeben, als Gott seinen Namen Moses gegenüber ausgerufen hatte: „Herr, Herr, Gott, barmherzig, und gnädig und geduldig und von großer Gnade und Treue, der da Tausenden Gnade bewahrt und vergibt Missetaten, Übertretungen und Sünde ..." (2. Mose 34,6-7).

Vielleicht hatte Ruth bis dahin immer gedacht, Gott sei ein Gott der guten Menschen, denn sie kannte Naemi als einen guten Menschen und meinte, diese sei fehlerlos! Und während Ruth inne wurde, dass sie selbst überhaupt nicht so war, empfand sie, dass sie für diesen Gott nicht gut genug war. Doch an dem Tage, als sie sah, wie ihre Schwiegermutter vor Jahwe ihre Sünde bekannte und Buße tat, wurde es ihr klar, dass er ein Gott ist, der Sünder annimmt und dem es eine Freude ist, dem Barmherzigkeit zu erweisen, der versagt hat und ihm seine Sünde bekennt. Und so mag sie gesagt haben: „Dieser Gott soll mein Gott sein, denn ich sehe mich vor ihm als eine Sünderin."

Ich glaube, dies waren die Beweggründe für die Wahl, die Ruth getroffen hat. Geht Ihnen hier nicht ein Licht auf? Dies sollte uns Christen doch etwas sagen. Wir möchten gern, dass die Welt Jesus in uns sieht, und dabei haben wir die Vorstellung, sie müsste an uns einen fehlerlosen Christenwandel sehen. Aber wenn wir danach trachten, fehlerlos vor ihnen zu erscheinen, vermitteln wir ihnen den Eindruck, als nehme Gott nur die guten Menschen an. Dadurch fühlen sich die Sünder nicht angezogen, sondern eher entmutigt, denn sie empfinden dann, sie seien nicht gut genug für Gott. In Wirklichkeit sind wir doch überhaupt keine fehlerlosen Christen. Wir versuchen, unser Gesicht nach außen hin zu wahren, wir verbergen vor den anderen so manches in unserem Leben, aber in bestimmten Lebensbereichen, in die sie nicht hineinschauen können, sieht es in Wirklichkeit oft doch so ganz anders aus. Aber wenn die anderen sehen, wie wir Buße tun und Dinge wieder in Ordnung bringen, wenn sie hören, wie wir unsere Sünde einsehen und das Erlösungswerk des Herrn für uns in Anspruch nehmen, dann geht ihnen ein Licht auf, und sie erkennen, dass Gott überhaupt nicht ein Gott der guten Menschen, sondern ein Gott ist, der Sünder annimmt und dass sie darum auch zu ihm kommen können.

In dem Stillschweigen, das sich über eine Versammlung verbreitet, wenn jemand Buße tut, empfinden viele die Gegenwart des Sündenheilands, und die Sünder fühlen sich zu ihm hingezogen wie nie zuvor. Wir werden anderen viel eher eine Hilfe sein, wenn wir zerbrochen sind (d. h., wenn wir den Platz des Sünders einnehmen), als wenn wir ihnen von oben herab predigen. Und während wir selbst zum Kreuz kommen, werden wir vielleicht eine kostbare Ruth mitbringen, um deretwillen wir womöglich viele Tränen vergossen und uns vor Gott gedemütigt haben. So lasst uns darauf bedacht sein, dass wir uns bei unserem Zeugnis auch immer als Sünder bekennen, die Gott begnadigt hat; dann werden andere auch die Gnade Gottes erkennen.

Und so kam es, dass Naemi zusammen mit Ruth nach Bethlehem zurückkehrte, und zwar leer – das ist wahr –, doch nicht, um leer zu bleiben, wie wir noch sehen werden.

3. Boas, der nahe Verwandte

„Der Mann steht uns nahe; er gehört zu unsern Lösern."
(Ruth 2,20)

Nun kommen wir auf Boas zu sprechen, und ich bin überzeugt, es ist die Absicht des Heiligen Geistes, dass wir in ihm einen Vortyp und Hinweis auf den Herrn Jesus Christus sehen dürfen. Je mehr ich über diese Schriftstellen stille werde, desto klarer wird es mir, dass es nicht nur einem Prediger erlaubt ist, Boas und seine Stellung innerhalb der Schrift in diesem Licht zu sehen. Wir haben hier nur ein Beispiel, von denen es im Alten Testament so viele gibt – ein seltsames Phänomen, dass sich gewisse Züge des kommenden Heilands schon vorher in einer anderen Person abzeichnen. Niemand von uns würde es wagen, alttestamentliche Schriftstellen auf Christus zu deuten, wenn es die Schreiber des Neuen Testaments nicht selbst getan hätten. So werden wir durch ihr Beispiel ermutigt, nach Christus Ausschau zu halten und ihn im Alten Testament zu suchen.

„Es war aber ein Mann, ein Verwandter des Mannes der Naemi, von dem Geschlecht Elimelechs, mit Namen Boas; der war ein angesehener Mann (andere Übersetzung: wohlhabender Mann)" (2,1). Naemi, die ärmste Person in Israel, hatte in ihrem Land einen Verwandten, der zu den Wohlhabendsten im Land gehörte; doch sie sah zunächst noch keinen Zusammenhang zwischen dieser Tatsache und ihrer großen Bedürftigkeit und Notlage. Aber wie wir gesehen haben, hatte der nächste Verwandte nach dem Gesetz Moses sowohl ein Recht als auch eine Verantwortung gegenüber verarmten Verwandten.

Nach 3. Mose 25 hatte er das Recht, jeglichen Besitz seines Bruders, den dieser verloren hatte, zu lösen; und nach 5. Mose 25 hatte er, für den Fall, dass sein Bruder starb, ohne Nachkommen zu hinterlassen, die Pflicht, dessen Witwe zur Frau zu nehmen, um seinem

Bruder einen Nachkommen zu verschaffen, der dann den Grundbesitz seines Bruders erben sollte. Dieser wurde in ihrer hebräischen Sprache als der „goel" der verarmten Verwandten bezeichnet, wie wir bereits gesehen haben. Diese Stellung eines „goel" nahm Boas in unserer Geschichte ein, obwohl er sich nicht als solcher Naemi und Ruth gegenüber betrachtete. Und auch Letztere waren gar nicht auf den Gedanken gekommen, dass er ihr „goel" sein könnte.

Wir kommen jedenfalls nicht umhin, in dem „goel" des Alten Testaments einen Hinweis auf den Herrn Jesus zu sehen, der im Laufe der Jahrhunderte Unzähligen Gnade und Vergebung zuteil werden ließ und sich als Erlöser der verlorenen Sünder und als mächtiger Helfer in hoffnungslosen Situationen erwiesen hat. Er schreckt nicht vor der Sünde des Menschen zurück und vor deren heilloser Verwirrung, die sie anrichtet, noch kann ihn all das Elend erschüttern. Wenn wir ihm gestatten, in unserer Notlage einzugreifen, dann ist er ganz in seinem Element; er tut es so gerne, denn er weiß, er ist der „goel" für alle Menschen, die sich in Sündennot befinden, und er ist imstande, sie zu erlösen. Er kann ihre verfahrene Situation retten und alles zum Besten wenden. Er ist ein Spezialist für Sündennot, und die Kunde von der wunderbaren Wiederherstellung so vieler Menschen, die tief im Sündenelend steckten, bringt ihm viel Ruhm ein.

Damit kommen wir zu der biblischen Lehre über die Erlösung. Sie gründet sich auf dieses „goel"-Gesetz, auf das Erlösungsrecht, das dem nächsten Verwandten verliehen wird. Erlösung ist also zunächst ein alttestamentliches Wort, bevor es zu einem neutestamentlichen Begriff geworden ist. Und die Wahrheiten des Neuen Testaments gründen sich auf das Alte Testament und werden von dort her abgeleitet, wie wir im Folgenden sehen werden. Es ist eine Tatsache, dass das Buch Ruth dieses Gesetz sehr deutlich veranschaulicht, das von so großer Bedeutung ist.

Das Recht zu erlösen

Drei Dinge waren erforderlich, wenn jemand einen anderen erlösen und die Rolle des „goel" übernehmen wollte. Erstens, er musste ein naher Verwandter sein; niemand sonst hätte das Recht gehabt, darauf zu bestehen, dass der neue Besitzer den Kauf rückgängig macht. Im Buch Ruth steht zwar meistens für „Verwandter" das hebräische Wort „goel", doch nicht überall. Dreimal wird ein anderes Wort gebraucht, das einfach nur die verwandtschaftliche Beziehung des anderen, nicht aber den Erlöser-Gedanken ausdrückt. In Kapitel 2,1, wo Boas zum ersten Mal in der Geschichte erwähnt wird, wird nicht das Wort „goel" gebraucht, sondern „mola": „Es war aber ein Mann, ein Verwandter (mola) des Mannes der Naemi ..." Das gleiche Wort erscheint in Kapitel 3,2: „Siehe, Boas, unser Verwandter ...", das heißt, Boas ist unser „mola", einer, mit dem uns Familienbande verbinden. Die dritte Stelle ist in Kapitel 3,20, wo Naemi sagt: „Der Mann ist uns nahe verwandt ..." Hier wird das Wort „garob" verwendet, das eigentlich das Gleiche wie „mola" bedeutet, nämlich ein naher Verwandter. Wir können es also folgendermaßen ausdrücken: Wer gegenüber einem anderen die Stelle eines „goel" einnehmen wollte oder sollte, musste zuerst einmal ein „mola" sein.

Ebenso musste der Herr Jesus, wenn er für Sünder und Gläubige, die sich versündigt haben, als Erlöser eintreten und ihnen zurückerstatten wollte, was sie verloren hatten, unser Verwandter, unser Bruder, werden, um dieses Recht erhalten zu können. Genau das geschah auch, als das ewige Wort Fleisch wurde und unter uns wohnte. Und genau das will auch jene wichtige Bibelstelle in Hebräer 2, 10-18 besagen. Dort nennt Jesus uns seine Brüder, und damit er uns auch mit Recht so nennen kann, wird er ein Mensch wie wir: „Weil nun die Kinder Fleisch und Blut haben, hat auch er in gleicher Weise daran Anteil gehabt ..." (Hebr. 2,14). Ich glaube, es liegt hier eine deutliche Anspielung auf das „goel"-Gesetz vor, denn er ist darum unseres Fleisches und Blutes teilhaftig und unser Bruder geworden, damit er im geistlichen Sinne für uns das Werk des „goel" vollbringen konnte: „... damit er durch seinen Tod die Macht nähme dem, der des Todes Gewalt hatte, das ist dem Teufel, und erlöste die, so durch Furcht vor dem Tode im ganzen Leben Knechte sein mussten" (Hebr. 2,14b-15). „Daher musste er in allen Dingen seinen Brüdern gleich werden" (Hebr. 2,17a).

Es gibt keine Betrübnis und keine Prüfung, die wir in unserem Leben erfahren, der nicht auch Jesus teilhaftig geworden wäre. Ich glaube, man könnte nachweisen – und das wäre ein sehr interessantes Studium –, dass es keinen Verlust, keine schimpfliche Behandlung und keine Beraubung der persönlichen Rechte gibt, die die Menschen hinnehmen und erleiden müssen, die nicht auch Jesus in den Tagen seiner Niedrigkeit ebenso und in noch viel stärkerem Ausmaß hat durchmachen müssen. Das Wort sagt, dass er in allen Dingen seinen Brüdern gleich werden musste, und wenn dort steht: „in allen Dingen", dann ist es auch wirklich so gewesen. Daher wird uns in diesem Brief gesagt, dass er ein barmherziger und treuer Hohepriester für uns ist, der Mitleid hat mit unseren Schwachheiten (Hebr. 4,15) und der die Menschen in Geduld trägt, die unwissend und vom rechten Weg abgeirrt sind.

Ich liebe Geschichte und Biographien, und so war ich einmal tief bewegt, als ich eine Begebenheit im Zusammenhang mit dem Tod der Prinzessin Elisabeth las, der Tochter von König Charles I, der in London, Whitehall, enthauptet wurde. Sie war ins Gefängnis geworfen worden, wo sie an Tuberkulose erkrankte und in dem sie traurig starb, ohne dass sich jemand um sie gekümmert hätte. Als man sie dann fand, lag ihr Haupt auf ihrer offenen Bibel mit dem Text: „Kommet her zu mir alle, die ihr mühselig und beladen seid, ich werde euch Ruhe geben" (Matth. 11,28). Hier fügte der Geschichtsschreiber einen kleinen Satz hinzu, der mich sehr bewegt hat: „Sie hat bei dem Trost gefunden, der ihr Bruder geworden und in allen Dingen ihr gleich geworden ist." Ja, Jesus ist wirklich unser nächster Verwandter.

Jedoch durch die Fleischwerdung, durch die er unser nächster Verwandter geworden ist, ist er uns noch nicht nahe genug gekommen, wenn er uns von all unserer Not erlösen wollte; denn sie ist zum Teil durch unsere mangelnde geistliche Einsicht und durch unser eigenes Versagen verursacht worden, und wir haben viel Schuld auf uns geladen. Durch die Fleischwerdung allein ist das Problem unserer Schuld und Sünde noch nicht gelöst. So kam es, dass der Eine, der unseres Fleisches und Blutes teilhaftig geworden ist, ein Kreuz auf den Hügel Golgatha hinauftragen und daran sterben musste, dass er unsere Schuld auf sich nehmen und unseren Tod sterben musste, um sich so das Recht zu erwerben, uns erlösen zu können.

In der Krippe wurde der Ewige „gleich wie ein anderer Mensch" (Phil. 2,7), aber am Kreuz wurde er zur „Gleichheit des Fleisches der Sünde" (Röm. 8,3) gemacht. Dort hat er alles Gericht Gottes, das wir verdient hätten, auf sich genommen. Das bedeutet, dass er uns durch sein Blut die Schuld vergibt und uns von der Sünde reinigt, die all unsere Not verursacht hat. Er befreit die Sünder aus der Schuldhaft, und darum fühlen sie sich zu ihm hingezogen. Mit anderen Worten: Das Kreuz macht ihn zum nächsten Verwandten der Sünder.

Ein Krimineller, der im Gefängnis sitzt, weil er eine schändliche Tat begangen hat, mag wohl zu uns sagen: „Sie wollen mir erzählen, Jesus sei uns in allen Dingen gleich geworden; aber ich denke nicht, dass er das erlitten hat, was ich durchgemacht habe: die Schande und Entehrung, die ich infolge meines Verbrechens auf mich nehmen muss." Lieber Mann, Sie sind im Irrtum: Gerade das hat er durchlitten. Gerade die Schande und Entehrung infolge der Sünde hat er dort am Kreuz erfahren, nur dass es Ihre Schande und nicht die seine war, und so muss es für ihn umso schwerer gewesen sein, das alles zu ertragen. Aber nun können Sie und kann jeder andere Sünder zu Jesus aufschauen und sagen: „Du bist mein nächster Verwandter, und als solcher hast du das Recht, mich und meine Situation zu retten."

Es muss für Naemi ein wunderbarer Augenblick gewesen sein, als sie inne wurde, dass der, den sie als einen Verwandten schon einige Zeit gekannt hatte, gerade aufgrund dieser Tatsache ihr „goel" war, einer von denen, die das Recht hatten, den Besitz für sie zu erlösen. Auch für uns ist es eine wunderbare Sache, wenn es uns inmitten einer schwierigen Situation, die wir selbst verschuldet haben, offenbart wird, dass Jesus unser nächster Verwandter ist, nicht nur unser „mola", sondern unser „goel", dass er das Recht hat, für uns alles zurückzukaufen, was wir verloren haben, und dass ihm dieses Recht auf Golgatha verliehen worden ist.

Die zweite Voraussetzung bestand darin, dass der nächste Verwandte in der Lage sein musste, zu erlösen, das heißt, er musste die finanziellen Mittel dazu besitzen. Es war eine Sache, zur Erlösung berechtigt zu sein, aber eine andere, dazu imstande zu sein. Ein „goel" würde einem nichts genützt haben, wenn er ebenso arm war wie der, der ihn benötigte. Doch im Fall Boas war dies nicht der Fall; er war einer der großen Bauern in der Gegend und „ein wohlhabender Mann". Er hatte nicht nur das Recht zu erlösen, er hatte auch das Vermögen dazu.

Wir haben gesehen, dass der Herr Jesus sich das Recht zu erlösen erworben hat und dass uns durch sein Blut Vergebung und Reinigung von der Sünde zugesichert wird, aber hat er auch die Kraft, uns von den Folgen der Sünde zu erlösen? Er hat die Kraft, auf Erden die Sünden zu vergeben, aber hat er auch die Kraft, die Auswirkungen unserer Sünde rückgängig zu machen und alles wieder in Ordnung zu bringen, hat er die Kraft, das lähmende Schamgefühl wegzunehmen – um einiges aufzuzählen –, das verlorene Glück und die zerbrochene Gemeinschaft mit anderen wiederherzustellen, Schmerzen zu heilen und Verlorenes wieder zu erstatten? Hier schwankt unser Glaube, wenn wir all die Not betrachten und die Dinge sehen, wie sie sind, und der Teufel dazu beständig sagt, da gäbe es keine Hoffnung, dass je wieder alles gut werden könnte.

Wir bringen es allenfalls fertig zu glauben, dass Christus unsere Sünden vergibt, aber wir haben manchmal schwere Bedenken, ob er auch deren Resultate meistern kann. Doch gerade in diesem Punkt fordert er unsere Zweifel heraus, ebenso wie Jahwe es Israel gegenüber getan hat in Jesaja 50,2: „Ist mein Arm nun so kurz geworden, dass er nicht mehr erlösen kann? Oder ist bei mir keine Kraft mehr, zu erretten?"

Es war schon traurig, dass Israel um seiner Sünde willen in die Gefangenschaft gehen musste, aber noch schlimmer war, dass die Israeliten, nachdem sie nun einmal dort waren, nicht sahen, dass Jahwe ihr nächster Verwandter, ihr „goel" war, und nicht glauben konnten, dass sein Arm stark genug war, um sie aus ihrer verzweifelten Lage zu befreien. Und daher haben wir jene positiven Prophezeiungen Jesajas, Jeremias und der anderen Propheten, in denen dem Volk gesagt wurde, wie Jahwe sie eines Tages auf wunderbare Weise wiederherstellen werde. Darin wird ihnen immer wieder versichert, dass Jahwe ihr Erlöser, ihr „goel" sei und dass, um ein solches Prophetenwort zu zitieren, „... ihr Erlöser stark ist; der wird ihre Sache führen ..." (Jer. 50,34).

Die Erlösung aus Babylon wurde ihnen tatsächlich prophezeit, bevor sie dorthin gebracht worden waren, ja, sie wurde ihnen mit glühenden Worten geschildert! Der Wiederaufbau der zertrümmerten Stadt und des Tempels wird ihnen vorausgesagt, als beide noch gar nicht zerstört worden waren. So groß ist die Gnade, dass sie der Sünde Israels zuvorkommt. Wie tief muss sie das beeindruckt haben, zu erfahren, dass Jahwe, gegen den sie gesündigt hatten und dessen Züchtigung sie erfahren hatten, dennoch ihr nächster Verwandter und auf ihre völlige Erlösung bedacht war.

In ähnlicher Weise kommt die Gnade auch unserer Sünde zuvor, und unser nächster Verwandter ist „das Lamm, das von Anfang der Welt geschlachtet ist", weil Gott unsere verlorene Situation vorausgesehen hat, bevor sie überhaupt da war. Darum ist sein Arm mächtig genug, alles neu zu machen. Es ist eine Tatsache, dass die Erlösung durch Jesus alle unsere Not bei weitem übertrifft, dass infolge seiner Erlösung alles viel herrlicher wird, als es je zuvor war. Wie wir schon gesagt haben, ist er ein Meister darin. Er ist der göttliche Töpfer, der nicht verzweifelt, wenn das Gefäß in seiner Hand missrät. Er macht daraus eben ein neues Gefäß, wie es dem Töpfer wohlgefällt. Und es ist wunderbar, das schöne, neue Gefäß zu sehen, das er aus dieser Masse formt, die so deformiert und verdorben war, als wir sie ihm übergaben.

Jesus löst alle Probleme! Diese Worte sind wirklich wahr, aber wer solche Probleme hat, kann diese Wahrheit nur unter der Bedingung erfahren, dass er Buße tut und zugibt, dass das Problem in ihm selbst liegt und dass er selbst die Probleme in seinem Leben oder im Leben der anderen verursacht oder mindestens seinen Teil dazu beigetragen hat. Wenn er dazu bereit ist, wird ihm seine Sünde restlos vergeben werden, und für das Wirrwarr, das er angerichtet hat, ist er hinfort nicht mehr verantwortlich – der Herr übernimmt nun die Verantwortung, und der Erlöste kann ruhen in der Hand des Allmächtigen. Die verlorene Situation wird dann zum Rohmaterial, aus dem er etwas ganz Neues schafft, sodass seine Schöpferkraft offenbar wird.

Sollten wir noch daran zweifeln, dass er dies wirklich tun kann? Kann er es aber nicht, was für einen Heiland haben wir dann?

Seine Bereitwilligkeit zu erlösen

Es bestand noch eine dritte Voraussetzung, wenn jemand für einen anderen als „goel" eintreten sollte. Er musste nicht nur aufgrund naher Verwandtschaft zum Erlösen eines anderen berechtigt und finanziell dazu imstande sein – er musste dazu auch wirklich bereit sein. Es konnte vorkommen, dass ein „goel" dazu gar nicht bereit war. Dies war der Fall bei dem noch näher Verwandten, der in Kapitel vier erwähnt wird. Er stand der Familie des Elimelech noch näher als Boas, und darum wäre es zunächst an ihm gewesen, diese Aufgabe zu übernehmen.

Zuerst war er auch willig, das Land zurückzukaufen, aber als er erfuhr, dass er dann auch Ruth zur Frau nehmen musste, um Mahlon einen Nachkommen zu verschaffen, machte er einen Rückzieher. Da war er doch nicht sicher, ob er sich dieses fremdländischen Mädchens annehmen sollte. Wahrscheinlich hatte er schon eine Frau, und er konnte sich nicht vorstellen, ob das gut gehen würde, wenn er mit zwei Frauen verheiratet wäre! Er hatte das Recht und das Vermögen, aber er war nicht willig dazu.

Ganz anders stand es mit Boas; er war mehr als willig. Die Tatsache, dass er dann auch Ruth heiraten musste, machte ihm diese Pflicht gerade so anziehend. Es geht klar aus der Geschichte hervor, dass er dieses heidnische Mädchen innigst liebte, das er einst auf seinen Feldern als Ähren-Aufleserin kennen gelernt hatte.

So hat der Herr Jesus nicht nur das Recht und das Vermögen, Sie zu erlösen, er ist auch willig, es zu tun. Er ist mehr als willig dazu, und zwar aus dem gleichen Grund wie Boas, denn er liebt Sie ganz innig. Er ist nicht nur daran interessiert, Ihnen wiederzuerstatten, was Sie verwirkt haben, Ihre Probleme zu lösen und Sie wieder glücklich zu machen – er möchte Sie persönlich ganz für sich haben. Das hat das ganze schwere Erlösungswerk für ihn so anziehend gemacht, weil es bedeutete, Sie dann als Eigentum besitzen zu dürfen. Wenn er sich Ihrer verlorenen Situation annimmt, dann nimmt er sich auch Ihrer persönlich an. Er „hat sich selbst für uns gegeben, auf dass er uns erlöste von aller Ungerechtigkeit und reinigte sich selbst ein Volk zum Eigentum" (Titus 2,14).

Können Sie das glauben? Können Sie fassen, dass er Sie so in sein Herz geschlossen hat und dass Sie ihm so viel bedeuten? Aufgrund der Tatsache, dass er Sie so liebt und nach Ihnen Verlangen hat, werden auch Sie sich sehr zu ihm hingezogen fühlen und ermutigt sein zu beten:

„Bedecke mich, bedecke mich,
Breit' deines Mantels Saum ganz über mich,
denn du bist mir der nächste Verwandte!
Bedecke mich, bedecke mich, bedecke mich!"

Ich habe schon erwähnt, dass das Wort „goel", das hier mit „naher Verwandter" wiedergegeben wird, sonst mit „Erlöser" übersetzt wird (tatsächlich wird das Substantiv und das Verb im Alten Testament 62-mal so übersetzt), und diesen Titel gibt sich Jahwe selbst, wenn er zu seinem Volk Israel spricht. Dies tut er speziell in der Prophetie des Jesaja. Immer wieder nennt Jahwe sich Israel gegenüber: „Dein Erlöser, der Heilige in Israel." Doch es ist interessant festzustellen, dass dieses Wort in den Kapiteln 1 bis 39 überhaupt nicht erscheint; aber von Kapitel 40 an kommt es sehr häufig vor. Das wird damit zusammenhängen, dass bis zum 40. Kapitel hauptsächlich von den Gerichten und der Gefangenschaft die Rede ist, die unabwendbar kommen mussten, weil das Volk sich schwer an Gott versündigt hatte und nicht willig war, sich wieder dem Herrn zuzuwenden.

Ab Kapitel 40 werden die Gerichte nicht mehr als bevorstehend gesehen, sie sind längst über Volk und Land hereingebrochen, und das Volk befindet sich bereits in der Gefangenschaft. Sofort ändert sich der Ton, in dem Gott nun zu seinem Volk redet. Nun ist von der Gnade die Rede, die Gott dem Volk in seiner großen Not erweisen möchte, und von der großen Wiederherstellung: Er will sie wieder in ihr Land bringen und ihnen ihren Besitz wiedererstatten. Es ist, als wollte er sagen: „Es ist genug; ich will nicht mehr zürnen." Dann offenbart er sich ihnen als ihr „goel", ihr Erlöser, und er sagt ihnen, obwohl so viel Schweres über sie gekommen ist, es ist doch nur seine eigentliche Absicht, sie zu erlösen.

Es ist, als sagte er: „Um eurer Sünde willen ist alles verkehrt gelaufen und so Schreckliches über euch gekommen; aber was macht's? Ist mein Arm deswegen zu kurz geworden, dass er euch nun nicht mehr erlösen könnte, oder denkt ihr nun, ich hätte nicht die Macht, euch zu befreien?" Und ich höre, wie jene, die diese Botschaft empfangen, erstaunt antworten: „Es war uns schon immer klar, dass du uns erlösen kannst, aber wir hatten gar nicht daran gedacht, dass du es auch wirklich tun willst, denn wir sind ja an allem selber schuld." Und Jahwe mag darauf antworten: „Ich bin dein Gott, dein Erlöser, der für solche Nöte, wie ihr sie jetzt gerade durchmacht, zuständig ist und alles wieder in Ordnung bringen wird."

Ich schreibe dies, weil Jesus zu den Seinen als ihr nächster Verwandter kommt, der das Recht hat zu erlösen, wenn bei ihnen alles verkehrt gelaufen, wenn alles nur immer schlimmer geworden ist und sie sich in einer ausweglosen Lage befinden. Es ist wirklich so: Wenn Jesus in ein Menschenleben eintritt, erwartet er nicht, dass alles in Ordnung ist; und weil er nichts erwartet, kann er auch gar nicht enttäuscht werden. Wenn nichts schief gegangen ist, findet er ja auch nichts, wofür er als Erlöser eintreten könnte. Er ist gerade der Richtige für die Situation, in der Sie sich eben jetzt befinden.

Das Wort „Erlöser" selbst hat uns hier etwas zu sagen. Dieses Wort endet mit „er". Es gibt nun viele Worte, die so enden: z. B. Arbeiter, Fahrer, Schreiber. Ein Arbeiter wird als solcher bezeichnet, weil er nicht nur eine Arbeit erledigt, sondern beständig arbeitet. Ein Fahrer ist von Berufs wegen immer unterwegs und fährt beständig einen Wagen. Ein Schreiber verrichtet beständig Schreibarbeiten. Gerade so steht es mit dem Wort „Erlöser". Er erlöst nicht einfach nur einmal, nein, es ist seine beständige Arbeit und Aufgabe, zu erlösen. Wenn wir in Sünden und deren Folgen verstrickt werden, ist er für uns als Erlöser da, und wenn das Gleiche sich nochmals wiederholt oder wir in einem anderen Punkt versagen, ist er gerne bereit, wiederum und immer wieder zu helfen und alles zum Guten zu wenden. Welch eine Ermutigung müsste dies für uns bedeuten, immer sofort Buße zu tun und seine Hilfe in Anspruch zu nehmen!

Aus diesem Grunde brauchen wir uns nicht mehr vor der Sünde zu fürchten. Es ist natürlich immer gut, wenn wir die Sünde fliehen (denken Sie an Josephs Antwort, die er der Frau des Potiphar gegeben hat, l. Mose 39,9), aber wir brauchen uns nicht mehr vor ihr zu fürchten. Manche Leute fürchten sich so vor der Sünde und sie nehmen sich so zusammen, um auf keinen Fall doch noch zu versagen. Bei einer solchen Haltung passiert es einem natürlich erst recht. Es geht ihnen wie dem Kaninchen, das, durch den furchtbaren Anblick einer Schlange erschreckt und gebannt, direkt in den Rachen (haben Schlangen einen Rachen?) der Schlange laufen. Aber das haben wir nicht nötig. Wir wissen, was wir zu tun haben, wenn wir in Sünde gefallen sind. Wir kennen jemanden, der damit fertig wird, der uns aus unserer Notlage erlösen und uns von der Schuld und Selbstanklage befreien kann.

„O teures Gotteslamm, dein kostbarheilig Blut wird seine große Kraft niemals je verlieren." Solches Vertrauen in die Kraft des Blutes Jesu verleiht uns die Kraft, zur Sünde „nein" zu sagen und nicht nachzugeben. Aber wenn wir meinen, es hänge alles von unserer Kraft ab, ob wir Sieg oder Niederlage haben und so immer auf Messers Spitze wandeln mit dem Gedanken, wenn wir fallen, sei alles verloren, dann sind wir in der Tat verloren! Aber für den, der um die Erlösungskraft seines nächsten Verwandten weiß, ist eine Sache nie verloren.

Zum Abschluss dieses Kapitels wollen wir uns noch einmal daran erinnern, dass die alten Hebräer nicht bis zum Jubeljahr warten mussten, in dem sie ihren Landbesitz zurückbekamen und in dem die Versklavten wieder frei wurden. Wenn ein Verarmter oder Versklavter einen nahen Verwandten hatte, der imstande und bereit war, ihn zu erlösen, dann konnte er sofort sein Land zurückbekommen und selbst wieder frei werden.

Wir werden einmal im Himmel ein herrliches Jubeljahr feiern. Dort wird endgültig alles gut und jede Träne abgetrocknet werden. Aber wir brauchen nicht so lange zu warten; wir können jetzt schon zurückerstattet bekommen, was uns durch die Sünde verdorben wurde oder verloren gegangen ist; unsere Tränen können jetzt schon getrocknet und unsere Probleme gelöst werden.

Da Jesus unser nächster Verwandter geworden ist, können wir schon lange vor jenem Jubeljahr eine volle Erlösung erfahren. Wir brauchen nicht mehr zu seufzen, wir brauchen wegen unserem Versagen und dem sündhaften Wesen unserer alten Natur nicht länger entmutigt und niedergeschlagen zu sein, wir brauchen uns nicht mit weniger zufrieden zu geben, als uns im Wort Gottes verheißen worden ist. Es gibt noch unerforschte Gebiete in der Erlösung, die unser Herr Jesus uns erworben hat – diese dürfen wir entdecken und in Besitz nehmen.

Anmerkung

Dieses Wort „goel“, das an einigen Stellen mit „naher Verwandter“ und an anderen mit „Erlöser“ übersetzt wird, wird gelegentlich auch mit „Rächer“ wiedergegeben, wie z. B. in Josua 20,3: „Bluträcher“. Hier sehen wir noch eine andere Aufgabe des „goel“. Er sollte nicht nur seinen Bruder erlösen, sondern ihn auch rächen, falls er ermordet worden ist, indem er den Mörder erschlägt.

In 1. Mose 9,6 hat Gott geboten: „Wer Menschenblut vergießt, dessen Blut soll auch durch Menschen vergossen werden“; und das musste der „goel“ tun. Wenn also gesagt wird, Jahwe sei der Erlöser Israels, dann bedeutet das auch, dass er der Rächer Israels ist. Tatsächlich finden wir im Alten Testament, dass er Israel erlöst, indem er an denen Rache übt, die Israel unterdrückt haben. Seine Barmherzigkeit gegenüber Israel tut sich kund in der Rache, die er an seinen Feinden übt. So können wir Bibelstellen wie Jesaja 63,1-7 besser verstehen. Dort ist von der „großen Kraft“ Gottes die Rede, in der er gegen seine und Israels Feinde vorgeht. Und so finden wir dort Ausdrücke wie: „Ich zertrat sie in meinem Zorn“ und „zerstampfte sie in meinem Grimm“ und „ihr Blut spritzte auf meine Kleider“. Und gleich darauf folgen die lieblichen Töne des Lobgesangs Israels: „Ich will der Gnade des Herrn gedenken und der Ruhmestaten des Herrn in allem, was uns der Herr getan hat, und der großen Güte an dem Hause Israel, die er ihnen erwiesen hat nach seiner Barmherzigkeit und großen Gnade.“

Hier wird sehr deutlich, wie die Barmherzigkeit Gottes seinem Volk Israel gegenüber sich im Gericht beweist, das er über seine Feinde kommen lässt. In Vers 4 finden wir beides ganz nah beieinander, Rache und Erlösung: „Denn der Tag der Rache war in meinem Herzen, und das Jahr meiner Erlösung war gekommen.“ Wir können sagen, dass der Herr Jesus uns auf gleiche Weise erlöst, indem er nämlich am Kreuz Rache an unseren Feinden, an Sünde, Tod und Satan übt. Diese Worte könnten sich genauso gut auf das Gericht über unsere Feinde beziehen, die uns unterdrückt haben: „Der Tag der Rache war in meinem Herzen, und das Jahr meiner Erlösung war gekommen.“

4. Ruth, die Ährenleserin auf dem Feld des Boas

„Du sollst nicht auf einen anderen Acker gehen, um aufzulesen ...“
(Ruth 2,8)

Bisher haben wir uns in dieser Geschichte mit Naemi und Boas befasst. Nun wollen wir uns der Ruth zuwenden, nach der dieses Buch benannt ist. Die Geschichte der jungen verarmten Witwe aus Moab, die eine Fürstin in Israel und eine Vorfahrin Jesu Christi wurde, mutet fast wie ein Liebesroman an. Falls Sie noch nicht wussten, dass sie tatsächlich eine Ahnin Jesu Christi ist, schlagen Sie Matthäus 1 auf, wo Sie ihren Namen in dem Stammbaum des Messias – nach seiner menschlichen Abstammung – aufgezeichnet finden. Doch darauf werden wir später noch zurückkommen.

Das begann alles mit ihrer sehr bedeutungsvollen Entscheidung, die sie im Moabiterland traf, als sie sich entschloss, zusammen mit ihrer Schwiegermutter nach Bethlehem-Juda zu gehen. „Rede mir nicht ein, dass ich dich verlassen und von dir umkehren sollte. Wo du hingehst, da will ich auch hingehen; wo du bleibst, da bleibe ich auch. Dein Volk ist mein Volk, und dein Gott ist mein Gott. Wo du stirbst, da sterbe ich auch, da will ich auch begraben werden“ (1,16-17a). Es wäre ganz natürlich gewesen, wenn sie das Gleiche getan hätte wie Orpa und zu ihrem Volk und zu den Göttern ihrer Vorfahren umgekehrt wäre, wo sie sich zu Hause gefühlt und wo sie sicherlich auch wieder einen Ehemann gefunden hätte.

Naemi hat auch wirklich erwartet, dass sie wieder umkehren würde, und sie hat ihr in ihrem eigenen Interesse auch dazu geraten. Und wir hätten keinen Grund gehabt, sie zu verurteilen, wenn sie darauf eingegangen wäre, denn schließlich war sie mit Naemi ja nicht blutsverwandt, „zufällig“ – wenn man das Wort gebrauchen dürfte – war sie nur ein paar Monate mit ihrem Sohn verheiratet. Dazu hat

Naemi ihr noch offen gestanden, dass sie absolut nichts habe, was sie ihr hätte anbieten können.

Trotz allem entschloss sich Ruth, mit ihr zu gehen, und ihre Entscheidung war von großer Tragweite. Es bedeutete nämlich, dass sie mit leeren Händen nach Bethlehem gehen würde, um dort Naemis Armut zu teilen. Sie würde nun unter einem ihr völlig fremden Volk leben müssen, dessen Lebensweise und Sitten sie nicht kannte. Auch konnte man noch gar nicht wissen, auf welche Weise die stolzen Israeliten sie als Heidin, die bei ihnen nun wohnen wollte, empfangen würden. Dennoch entschloss sie sich zu diesem Weg.

Wenn wir ihre Worte näher betrachten, finden wir, dass sie sich für drei Dinge entschlossen hat, die sie in logischer Anordnung aufzählt. Auf den ersten Blick hin scheint es, dass sie sich zunächst dafür entschied, mit Naemi in ihr Land zu gehen, und das aus Liebe und Treue ihrer Schwiegermutter gegenüber. Dann entschied sie auch, dass Naemis Volk ihr Volk sein solle, denn nun würde sie ja auch unter diesem Volk leben. Und wenn dies bedeuten würde, dass sie sich dann auch zu diesem Gott bekennen müsse, so sei sie auch dazu bereit, sie werde sich ihr auch darin anpassen.

Hier möchte ich allerdings andeuten, dass Ruth bei ihrer Entscheidung in Wirklichkeit in umgekehrter Reihenfolge gedacht hat. Ich glaube nicht, dass es in erster Linie Naemi war, zu der sie sich so hingezogen fühlte, sondern der Gott der Naemi, den sie Jahwe nannte. Wie ich schon in einem früheren Kapitel gezeigt habe, hat Ruth ihn als den Gott, der Sünder annimmt, als den gnädigen Gott, erkannt, und darum erwählte sie ihn als ihren Gott. Von daher entschied sie sich auch für sein Volk, indem sie gleichsam sagte: „Wenn es ein Volk gibt, dessen Gott Jahwe ist und das unter seinem Segen und seiner Gnade lebt – dann müsste dieses Volk ja glücklich zu preisen sein! Dieses Volk soll dann mein Volk sein, denn während ich unter ihnen wohne, werde ich an ihren Segnungen Anteil haben." Und auf diese Weise hat sie sich natürlich auch für Naemi selbst entschieden, durch deren Bußtränen sie zum ersten Mal einen kleinen Begriff von der Gnade Gottes bekommen hatte.

Als sie dann nach Bethlehem gekommen war und die einzige

Möglichkeit, zu Nahrungsmitteln zu kommen und leben zu können, darin bestand, dass sie wie eine Dienstmagd Ähren auflesen musste, war sie dennoch zufrieden. Standesgemäß bestand ein großer Unterschied zwischen einem Schnitter und einem Ährenleser. Ein Schnitter war ein angesehener Arbeiter, der gut bezahlt wurde; das galt aber nicht für jemanden, der nur die Ähren auflas. Das taten nur die Armen im Lande; sie durften Halme mit den Ähren, die die Schnitter hatten liegen lassen, auflesen; und so weit hat Ruth sich dort erniedrigt. Aber selbst damit war sie zufrieden, und ich kann mir gut vorstellen, wie sie überglücklich war und leise zu sich selbst gesagt hat: „Es ist besser, unter diesem Volk, das solch einen Gott hat, ein Ährenleser zu sein als ein gut bezahlter Schnitter irgendwo anders."

Ich denke, auch der Leser selbst wird empfinden, dass Ruth in der geschilderten Weise gedacht und reagiert haben muss. Je mehr ich darüber nachsinne, desto klarer wird mir, dass diese Ausführungen dem Inhalt des Bibeltextes entsprechen. Jedenfalls hat dies uns Christen etwas zu sagen. Oft kommen wir im geistlichen Leben auf dieselbe Weise zu tieferen Erfahrungen.

Da begegnet ein Christ anderen Christen, von denen er den Eindruck bekommt, dass sie mehr haben als er und dass er genau das auch haben muss. Er empfindet, sie haben einen wunderbaren Frieden, sie haben etwas und haben Ausstrahlung, was er in seiner geistlichen Erfahrung noch nicht kennt. Er lernt diese Leute dann näher kennen und hört aus ihren Zeugnissen, was sie mit dem Herrn erlebt haben; er beobachtet, dass sie oft Buße tun und den Platz des Sünders am Fuß des Kreuzes einnehmen, und bekommt den Eindruck, dass sie von dorther ihre Freude und innere Freiheit haben. Er hatte gedacht, sie seien besonders gute Menschen und es sei ihnen gelungen, einen besonders hohen geistlichen Lebensstandard zu erreichen und sehr strenge Bedingungen zu erfüllen, um solche Segnungen von Gott empfangen zu können, und für ihn stand fest, dass er niemals dahin kommen könnte.

Aber während er weiter beobachtet, wird ihm auf einmal klar, dass es gar nicht so ist, wie er gedacht hatte. Er entdeckt, dass sie einen

Gott haben, der Sünder annimmt und ein gnädiger Gott ist und dass diese Leute einfach nur gelernt haben, aus Gnade zu leben in einer Weise, wie er es noch gar nicht gekannt hatte. Und so bekommt er eine neue Vision von Jesus und entdeckt, dass er Christen, die in ihrem Leben nur Versagen aufzuweisen haben, etwas unendlich Wunderbares zu geben hat, wenn sie ihm ihr Versagen bekennen. Nun möchte auch er diesem Gott, der Sünder annimmt, angehören, denn er sieht, dass er nur Menschen annimmt, die als Sünder zu ihm kommen.

Und er geht noch weiter und sagt sich: „Wenn es ein Volk gibt, das diesen segensreichen Weg kennt, dann soll dieses Volk mein Volk sein. Ich möchte unter ihnen sitzen und an ihren Erkenntnissen und Segnungen Anteil haben.“ Darum nimmt er seinen Platz unter ihnen ein und liest auf dem Feld der Gnade einfach nur Ähren auf und trachtet danach, die Wahrheit zu erkennen, denn noch hat er sie nicht recht erkannt.

Es ist für einen Menschen eine ziemlich demütigende Sache, dies zu tun und bekennen zu müssen, dass ihm das Entscheidende noch fehlt, obwohl er sich einen Christen nennt und vielleicht sogar irgendeine leitende Position im Reich Gottes einnimmt. Aber diesen Weg muss er gehen, wenn er je in geistlicher Hinsicht weiterkommen will. Der erste Schritt besteht darin, zu bekennen, dass er noch nicht so weit ist und diesen bestimmten Segen noch nicht hat. Diese Haltung sollte man unbedingt einnehmen.

In der Eröffnungsversammlung einer Konferenz für Reichsgottesarbeiter wurden wir aufgefordert, uns vorzustellen und zu sagen, warum wir gekommen seien. Ich werde niemals vergessen, wie ein Prediger sagte: „Ich bin ein Pastor, der von keinem Erfolg sagen kann, und diene in einer Gemeinde, in der es nicht vorwärts geht.“ Er war wirklich demütig und erklärte, er suche die Wahrheit und sei dabei noch nicht zum Ziel gekommen. Gäbe es bessere Voraussetzungen, die Gnade erfahren zu können?

Ich traf in einem fernen Lande einmal einen Missionar, der in seinem Dienst sicherlich eine besondere Gabe hatte und eine bestimmte Wahrheit sehr betonte. Der Herr wirkte mächtig in den Versammlungen, die ich hielt, und jener Prediger sah und hörte, wie viele Menschen vor dem Herrn über ihre Sünden Buße taten und einander bezeugten, was die Gnade nun in ihrem Leben bewirkt hatte. Er sah den Gott der Sünder in Aktion, und im Lichte dieses Geschehens wurde ihm klar, dass sein Christenleben bis dahin größtenteils in bloßen Theorien bestanden hatte.

Er sagte zu mir: „Das muss ich auch haben. Sie sagten mir, es fände in England eine Konferenz statt, in der Sie diese Wahrheiten miteinander lernen und auszuleben suchen. Könnte ich nicht auch dorthin kommen und dabei sein?" Er war bereit, Tausende von Kilometern zu reisen, nur um Ähren aufzulesen unter denen, die erkannt hatten, dass ihr Gott ein Gott der Gnade ist und die auf dem Boden der Gnade mit Gott wandelten.

Sie waren gerührt

Jedermann in Bethlehem war tief beeindruckt über die erstaunliche Wahl, die Ruth getroffen hatte, und sie wurde bekannt als „die moabitische junge Frau, die mit Naemi aus dem Moabiterland gekommen ist". Sie waren gerührt, nicht nur, weil sie mit Naemi zurückgekehrt war, sondern weil sie so viel drangegeben hatte, nur um eine von ihnen zu sein und unter den Fittichen ihres Gottes Zuflucht zu suchen, und sie fühlten sich zu ihr hingezogen.

Auch Boas erfuhr, was dieses heidnische Mädchen getan hatte, und er war ihretwegen tief beeindruckt, schon bevor er sie auf seinen Feldern erblickt hatte. Aus seinen Worten bei der ersten Begegnung mit ihr geht hervor, wie sehr er von der Handlungsweise und Einstellung dieser jungen Heidin beeindruckt war: „Man hat mir alles angesagt, was du getan hast an deiner Schwiegermutter nach deines Mannes Tod; dass du verlassen hast deinen Vater und deine Mutter und dein Vaterland und zu einem Volk gezogen bist, das du vorher nicht kanntest. Der Herr vergelte dir deine Tat, und dein Lohn möge vollkommen sein bei dem Herrn, dem Gott Israels, zu dem du gekommen bist, dass du unter seinen Flügeln Zuflucht hättest" (2,11-12).

Was sie für ihn so anziehend machte, war ganz offensichtlich nicht in erster Linie, dass sie wahrscheinlich jung und attraktiv war, auch nicht einmal, dass er ein naher Verwandter der Familie war und das Erlösungsrecht hatte (daran hatten zu diesem Zeitpunkt beide noch nicht gedacht), sondern einfach, dass er gerührt war wegen ihrer erstaunlichen Wahl und den moralischen und geistlichen Motiven, aus denen heraus sie diese getroffen hatte.

Es war eine wunderbare Fügung, dass sie gerade auf das Feld des Boas kam, wie es in dem biblischen Bericht heißt: „Und es traf sich, dass dies Feld dem Boas gehörte", denn dieser hat sich nun besonders um sie gekümmert, ihr ungewöhnliche Gunst erwiesen und Dinge gestattet, die den Ährenlesern normalerweise nicht erlaubt waren.

Zuerst einmal hat er sie auf seinen Feldern willkommen geheißen und ihr gesagt, sie solle nicht auf andere Felder gehen. Gewöhnlich werden die Ährenleser höchstens geduldet, nicht aber willkommen geheißen. Dann gestattete er ihr, aus den Gefäßen, die für die Schnitter gedacht waren, zu trinken. Dazu waren Ährenleser normalerweise auch nicht berechtigt. Auch versicherte er ihr, er habe den jungen Männern geboten, keine unziemlichen Annäherungsversuche zu machen oder sie zu belästigen.

Am Mittag lud er sie ein, mit ihm und seinen Schnittern zusammen zu essen, von dem Brot zu nehmen und ihre Bissen in den Essigtrank zu tauchen. Ein Landwirt hat sich niemals verpflichtet gefühlt, sein Brot mit den Ährenlesern zu teilen. Sie blieben den Tag über eben hungrig und gingen so nach Hause. Aber Boas hat sie nicht nur zum Essen eingeladen, er reichte ihr persönlich geröstete Körner (2,14), und zwar so viel, dass sie nicht nur selbst davon satt wurde, sondern das Übriggebliebene noch ihrer Schwiegermutter mitbringen konnte.

Schließlich befahl er seinen Schnittern, sie inmitten der Garben auflesen zu lassen. Wenn Ährenleser zu nahe an die Garben kamen, wurden sie gewöhnlich schroff angefahren und weggejagt. Aber Boas ordnete an: „Lasst sie auch zwischen den Garben lesen und beschämt sie nicht“ (2,15). Und er ging sogar noch einen Schritt weiter und flüsterte den Schnittern zu: „... auch zieht etwas für sie aus den Garben heraus und lasst es liegen, dass sie es auflese“ (2,16). Und zum zweiten Mal fügt er hinzu: „... und niemand schelte sie darum.“ Welch ein Mann war das!

So hat Ruth das Feld des Boas als „Gnadenfeld“ empfunden. Ährenleser haben lange arbeiten müssen, um nur ein bisschen zusammenzubekommen; aber sie hat viel gesammelt ohne viel Mühe. Ruth war einfach überwältigt angesichts solcher Gnade, die man ihr erwies, und sie „fiel“ buchstäblich auf ihr Angesicht und beugte sich nieder zur Erde und sprach zu ihm: „Womit habe ich Gnade gefunden vor deinen Augen, dass du mir freundlich bist, die ich doch eine Fremde bin?“ (2,10). Er gab nur zur Antwort: „Man hat mir alles angesagt, was du getan hast ...“

Wenn das jemand zu uns sagen würde, empfänden wir dabei vielleicht ein gewisses Unbehagen, und wir würden erwarten, dass er unsere verborgenen Sünden aufzählt. Aber das tat Boas nicht; er zählte all das Gute auf, das er über sie gehört und das ihn so tief berührt hatte. Und ich denke, sie muss ziemlich erstaunt gewesen sein, als er noch hinzufügte: „Der Herr vergelte dir deine Tat, und dein Lohn möge vollkommen sein bei dem Herrn, dem Gott Israels, zu dem du gekommen bist, dass du unter seinen Flügeln Zuflucht hättest“ (2,12).

Dieser Großmut des Boas gegenüber der armen Ährenleserin Ruth ist nichts im Vergleich zu der unendlichen Gnade des Herrn Jesus, die er dem erweist, der demütig genug ist, ihm sein Versagen als Christ zu bekennen und ihn als den Gott erkennt, der die Sünder annimmt. Wenn wir einmal wirklich diesen Standpunkt des Sünders vor ihm einnehmen, werden wir erfahren, dass wir Gegenstand seiner Liebe und besonderen Aufmerksamkeit sind, und das in einer Weise, wie wir es nicht erfahren haben, solange wir mit uns selbst ganz zufrieden waren.

Während wir uns vor ihm beugen und unser Versagen und Zukurzkommen und unsere Armut ihm gegenüber eingestehen in dem Bewusstsein, dass Jesus sich nur der Sünder annimmt, werden wir erfahren, dass uns von allen Seiten so viel Liebe, Ermutigung und Hilfe in einer Weise zuteil wird, wie wir es gar nicht verdient haben. Hände voll kostbarer Verheißungen sind überall absichtlich hingestreut, und während wir uns bücken, sie einzusammeln, hören wir beständig die Worte: „beschämt sie nicht, beschämt sie nicht" (2,15).

Und wir werden finden, dass wir wohl arme Ährenleser sind, dass aber das Feld, auf dem wir lesen, wirklich ein Feld der Gnade ist; denn Jesus tut Dinge für uns, die wir weder erwarten noch verdienen konnten, und diese wiederum lassen uns ahnen, dass er noch viel Herrlicheres tun wird. Das ist wirklich die Wahrheit und keine Einbildung. Das Neue Testament sagt: „Gott hat seinen Sohn nicht gesandt in die Welt, dass er die Welt richte, sondern dass die Welt durch ihn gerettet werde" (Joh. 3,17), und wenn er die Welt nicht verdammt, dann verdammt er gewiss auch die Gläubigen nicht, die versagt haben, aber ehrlich genug sind, ihr Versagen einzugestehen.

Wenn wir in den Berichten des Alten und Neuen Testaments lesen, wie Gott mit den Sündern verfahren ist, die sich ihm reumütig zugewandt haben, von Manasse, dem schlimmsten der Könige, bis hin zu der Frau, die im Ehebruch ergriffen worden war, dann wird uns deutlich, dass es Gott wirklich Freude macht, den Sündern Barmherzigkeit zu erweisen.

Sind wir dann überwältigt angesichts solcher Gnade, mögen wir vielleicht wie Ruth fragen: „Womit habe ich Gnade gefunden vor deinen Augen, dass du dich meiner in solcher Weise annimmst, da du doch siehst, wer ich in Wirklichkeit bin?" Und er wird wie Boas antworten: „Es ist mir alles angesagt worden, was du getan hast", und er wird zurückweisen – nicht so sehr auf unsere Sünden als vielmehr auf unsere Seufzer über unsere Sünden, als wir anfingen, wirklich ehrlich mit uns selbst zu sein, und auf unseren schwachen Glauben, in dem wir zu hoffen wagten, dass wir in dem Blut, das er vergossen hat, wirklich viel Vergebung und Erlösung haben.

Das ist der Grund, warum er sich zu uns hingezogen fühlte, um uns zu helfen und beizustehen. Da kommt er dann zu uns und sagt: „Ich bin gekommen als Antwort deiner Gebete." – „Aber, Herr, ich habe ja gar nicht gebetet“, werden wir antworten, „ich fühlte mich viel zu schwach zum Beten.“ – „Aber hast du nicht geseufzt?“, fragt er dann. – „Ja, Herr, sicherlich habe ich geseufzt.“ – „Das war dein Gebet“, antwortet er, „als Antwort darauf bin ich gekommen.“

Nathanael unter dem Feigenbaum

Ganz ähnlich war es mit Nathanael. Jesus sprach über ihn, als habe er alles über ihn gewusst, und er sagte zu ihm: „Siehe, ein rechter Israelit, in welchem kein Falsch ist“ (Joh. 1,47), und dabei hatte Nathanael ihn doch noch nie gesehen.

„Woher kennst du mich?“, so hat Nathanael natürlich gefragt. „Ehe denn dich Philippus rief, da du unter dem Feigenbaum warst, sah ich dich“, antwortete Jesus.

Darüber war Nathanael aufs Äußerste erstaunt, denn jener Platz unter dem Feigenbaum war, so glaube ich, für ihn der geheimste Ort in der Welt. Das war der Ort, wohin er ging, wenn er ganz allein sein und über eine Sache nachdenken wollte. Aber Jesus wusste, was er unter dem Feigenbaum getan hatte, und offensichtlich stand das, was dort an diesem Tag vor sich gegangen war, in direktem Zusammenhang mit dem, was Jesus zu ihm sagte: „Siehe, ein rechter Israelit, in welchem kein Falsch ist.“

Beachten Sie bitte, dass er nicht sagte: „in welchem keine Sünde ist“, sondern: „in welchem kein Falsch ist“, das heißt, er hat seine Sünde nicht verheimlicht.

Nun, was denken Sie, wenn Sie sich unter dem Feigenbaum befinden? Ich kann mir nur vorstellen, dass Nathanael inne wurde, wer er wirklich war, und dass er dort sein Versagen vor Gott eingestanden hat, so gut er es eben wusste und so weit er Gotteserkenntnis hatte. Er mag zu jenem Zeitpunkt noch nicht viel Erkenntnis gehabt haben, er war eben ein aufrichtig Suchender, aber gerade das zog die Aufmerksamkeit Gottes auf ihn, sodass er ihm Gnade erwies und Jesus in der Weise zu ihm sprechen konnte. Was unter dem Feigenbaum vor sich gegangen war, konnte nur Gott wissen, und darum folgerte Nathanael, dass der, der zu ihm sprach und sein Innerstes offenbarte, nur Gott sein konnte, und so bekannte er: „Du bist Gottes Sohn, du bist der König von Israel!" (Joh. l, 49).

Nun könnte der Gedanke, dass in uns doch etwas sein könnte, aufgrund dessen Gott einem Menschen gnädig ist, zu der Frage Anlass geben: „Aber ich dachte, Gott erweist nur dem Gnade, in dem nichts Gutes ist. Ich dachte, Gott erzeigt seine Liebe nur denen, die nichts aufzuweisen haben, sonst wäre ja Gnade nicht mehr Gnade." Aber was war da vorhanden, als Gott einem Menschen seine Gnade erwies? War es nicht das Bekenntnis, dass nichts Gutes und Liebenswertes in ihm ist? Das darf und muss in uns sein, und es tut der Gnade keinen Abbruch, wenn er sich dann über uns erbarmt. Das ist in Wirklichkeit sogar die Voraussetzung, die Gnade Gottes recht erfahren zu können, wenn wir nämlich anerkennen, dass in uns nichts Gutes ist. Dann erst werden wir sie in einer Weise erfahren, wie es vorher, als wir dachten, es stehe alles bestens mit uns, gar nicht möglich war.

Wenn die Gnade Gottes darin besteht, dass er dem Schuldbeladenen in Liebe begegnet, dann setzt dies voraus, dass dieser auch seine Schuld eingesteht, um überhaupt in den Genuss der Gnade zu kommen. Wenn es wahr ist, dass „Gott den Sünder rechtfertigt", setzt dies voraus, dass wir die Tatsache unserer Sündhaftigkeit und Schuld anerkennen, damit er uns rechtfertigen kann. Und von dem Augenblick an, da wir aufhören, gegen die Wahrheit zu kämpfen und Gott Recht geben, sind wir Anwärter für die herrliche Gnade.

„Herrliche Gnade und Liebe und Huld!
Gnade, viel größer als Sünde und Schuld,
Gnade ergießt sich von Golgatha her!
Gnade, so tief und so weit wie das Meer!"

Was also die fremde, heidnische Ruth für Boas so anziehend machte, war die Tatsache, dass sie Jahwe als ihren Gott und sein Volk als ihr Volk erwählt hatte. Er hatte das alles schon erfahren, bevor sie ihn kannte. Und wenn wir in dem Zusammenhang daran denken, dass Gott schon immer vorher weiß, was wir unter unserem Feigenbaum denken und tun, dann müssen wir mit David ausrufen: „Diese Erkenntnis ist mir zu wunderbar und zu hoch, ich kann sie nicht begreifen“ (Psalm 139,6).

„Gehe nicht auf ein anderes Feld, um dort aufzulesen“

Aufgrund der Tatsache, dass Boas der Ruth so viel Gnade erwiesen hat, können wir ermessen, wie bedeutsam jene Worte sind, die er zu ihr sagt: „Gehe nicht auf ein anderes Feld, um dort aufzulesen; gehe auch nicht von hier weg, sondern halte dich zu meinen Mägden“ (2, 8). Wie unschicklich wäre es auch gewesen, wenn sie, nachdem Boas ihr so freundlich entgegengekommen ist und sie mehr als genug auf seinen Feldern finden konnte, noch auf andere Felder gegangen wäre in der Hoffnung, dort vielleicht noch mehr zu finden.

Auch Naemi gab ihr den gleichen Rat, als sie das alles erfuhr: „Es ist gut, meine Tochter, dass du mit seinen Mägden hinausgehst, damit dir nicht jemand auf einem anderen Acker etwas zu Leide tue“ (2,22). Damit wollte sie sagen: „Wie peinlich wäre es für dich, wenn sie dich auf einem anderen Feld erblicken würden, nachdem du auf ihrem Feld so viel Freundlichkeit erfahren hast. Wie würden sie dir dann vorwurfsvolle Blicke zuwerfen, und wie würde dein Verhalten ein schlechtes Licht auf den Mann werfen, weil dadurch der Eindruck entstehen müsste, als hätte er dir nicht genug gegeben oder als wollte er dir nun nichts mehr geben.“ Tatsächlich enthielt das Feld des Boas unendlich mehr Reichtümer für sie als irgendein anderes Feld in Israel, wie es der Bericht ja auch zeigt.

Dies ist auch für uns ein wichtiges Wort: „Gehe nicht auf ein anderes Feld, um dort aufzulesen! Bleibe nur auf dem Feld der Gnade, suche nur Hilfe und Zuflucht an dem Fuß des Kreuzes Jesu und nirgendwo anders!“ Auf dem Feld der Gnade aufzulesen bedeutet natürlich, fortwährend Buße zu tun, wenn nicht in der einen Sache, dann in einer anderen. Das Kreuz ist nur um der Sünde willen da, und um auf dem Feld der Gnade zu bleiben, muss man immer wieder bei dem Kreuz seine Zuflucht suchen.

Vielleicht werden Sie innerlich einen Widerstand verspüren gegen diesen Weg, auf dem man immer nur seinen Mangel und seine Not eingestehen muss, und vielleicht wird Ihnen der Gedanke kommen, dass Sie doch gar nicht vorwärts kommen, wenn Sie auf diesem Pfad bleiben, und Sie werden sich fragen: Wo ist denn der Sieg? Aber ich sage Ihnen, bleiben Sie nur auf diesem Weg, lesen Sie nicht auf irgendeinem anderen Acker auf, versuchen Sie nicht, zu dem Werk, das Jesus für uns am Kreuz vollbracht hat, um uns Frieden zu geben, noch etwas hinzuzufügen. Er wird Ihnen dort auf eine wunderbare Weise begegnen und Ihnen Erlösung und Neubelebung zuteil werden lassen, und zwar beständig und so herrlich, wie Sie es sich nie gedacht hätten.

Ruth hätte nie gedacht, dass der, auf dessen Feld sie Ähren auflas, ein naher Verwandter wäre, ein „goel", einer, der dazu ausersehen ist, den Familienbesitz zurückzukaufen und ihnen großen Reichtum zu verschaffen, aber gerade das geschah. Es ist wirklich so, wie es in einem alten Lied heißt: „Halt' dich zum Kreuz, und die Bürde wird fallen." Es wird vielleicht nicht so schnell gehen, wie Sie es sich wünschen, doch Sie können sicher sein, wenn Sie nicht dort frei werden, werden Sie nirgends frei. Aber die Bürde wird fallen, und alles wird gut werden, wenn Sie dort bleiben und auf keinem anderen Acker auflesen.

Ja, es gibt andere Felder, auf denen wir auch Ähren lesen können, wenn wir wollen, ganz andere Wege als die der Gnade. Es wäre allerdings nicht recht, wenn ich diese anderen Felder nun näher beschreiben und darauf hinweisen würde. Auf jeden Fall werden diese „anderen Felder" für jeden etwas anderes bedeuten, entsprechend der jeweiligen Situation, in der er sich befindet. Nur der Heilige Geist kann es Ihnen zeigen, wo Sie vielleicht versuchen, auf einem anderen Feld als dem Feld der Gnade Ähren zu lesen.

Obwohl die anderen Wege sehr verschieden aussehen können, haben sie fast alle doch etwas gemeinsam: Auf ihnen werden wir auf jeden Fall nicht als Sünder betrachtet, und wir werden aufgefordert, Dinge zu tun, die nicht mit der Tatsache übereinstimmen, dass wir noch Sünder sind. Da muss man sich an bestimmte Gesetze halten, sich nach bestimmten Erfahrungen ausstrecken und Schritte unternehmen, um siegreich werden zu können. Dabei scheint man aber ganz zu vergessen, dass wir viel zu schwach sind, auch nur den ersten Schritt, geschweige denn alles Weitere zu tun. Das Resultat ist, dass wir uns furchtbar anstrengen und in eigener Kraft kämpfen müssen und es doch nie schaffen.

Wenn wir einen solchen Weg gehen, geben wir zu verstehen, dass Jesus für den Sünder nicht genug ist und dass er außer Jesus noch etwas anderes haben muss. Wenn man auch nicht etwas tun muss, so trachtet man doch nach irgendeinem Gefühlserlebnis. Und es wird immer so sein: Was man zu Jesus hinzufügt, wird einem wichtiger sein als er selbst, sodass er uns schließlich nichts mehr zu sagen hat und nichts mehr für uns tun kann. Was immer man auch zu Christus hinzufügen will – es wird sich im Grunde genommen nur um Gesetzeswerke in anderer Form handeln, über die Paulus in seinen Briefen so viel zu sagen hat.

Wie peinlich muss es doch für jene sein, die einmal „im Geist begonnen" haben, wenn ihre Brüder sie auf einmal auf einem anderen Feld erblicken, wo sie danach trachten, „im Fleisch zu vollenden" (Gal. 3,3). Aber das haben wir mehr oder weniger alle getan und sind manchmal vielleicht schon in den Ruf gekommen, wir seien immer auf etwas Neues aus. Alles Neue führt zu Verzweiflung und Enttäuschung. Welche Ruhe liegt darin und dürfen wir erfahren, wenn wir zu dem Feld der Gnade und zu dem Fuß des Kreuzes zurückkehren, wo Gott dafür gesorgt hat, dass wir alles als Gabe und freies Geschenk der Gnade empfangen können, wenn wir als arme Menschen zu ihm kommen, die auch wirklich bekennen, arm zu sein.

Und so hat Ruth gerne darauf verzichtet, auf keinem anderen Feld zu lesen als auf dem, worauf sie von Anfang an gewesen war. Doch zu diesem Zeitpunkt in der Geschichte ist sie immer noch nur eine Ährenleserin. An ihre große zukünftige Bestimmung dachte noch niemand, das Größte stand ihr noch bevor. Aber immerhin hat sie schon den Namen dessen in Erfahrung gebracht, auf dessen Feldern sie gesammelt hatte. Als Naemi sie am Abend fragte: „Wo hast du heute gelesen?", antwortete sie: „Der Mann, bei dem ich heute gearbeitet habe, heißt Boas" (2,19). Damit hat sie zum ersten Mal diesen Namen ausgesprochen. Sie ahnte wenig davon, wie lieb ihr dieser Name noch werden sollte und was dieser Mann noch Großes an ihr tun würde. In den kommenden Tagen wird sie allen Grund haben, darüber zu staunen.

5. Ruth zu den Füßen des Boas

„Und siehe, eine Frau lag zu seinen Füßen."
(Ruth 3,8)

Als Ruth ihrer Schwiegermutter den Namen des Mannes nannte, auf dessen Feldern sie Ähren gelesen hatte, hat diese sich – so könnte ich es mir gut vorstellen – plötzlich aufgerichtet. Sobald sie diesen Namen hörte, wurden ihr zwei Dinge klar, die für ihre Situation von großer Bedeutung werden könnten. Sie sagte: „Der Mann steht uns nahe; er gehört zu unseren Lösern" (2,20). Im ersten Satzteil steht das hebräische Wort „qarob", das einfach „ein Verwandter" bedeutet. Es ist natürlich kein Wunder, dass Naemi beim Klang dieses Namens hellhörig wurde und erklärte: „Boas ist einer der Verwandten meines Mannes. Wie interessant ist es doch, dass du von allen Feldern ausgerechnet auf sein Feld gekommen bist!" Naemi empfand dies gleich im ersten Augenblick als ein besonderes Zusammentreffen. Sie hatte ihn als jemand gekannt, der eben zu der großen Verwandtschaft gehörte, aber wahrscheinlich war sie nicht näher mit ihm bekannt, und in den früheren Jahren ihres Wohlergehens hat er ihr weiter nicht viel bedeutet. Seitdem hatte sie ihn gänzlich aus den Augen verloren; trotzdem war er immer noch ihr Verwandter.

Nun, das Wort, das sie im zweiten Satzteil gebrauchte, zeigt, dass der Name, den Naemi hörte, für sie nicht nur interessant, sondern auch von großer Bedeutung war. Der Ausdruck, der hier im Hebräischen gebraucht wird, lautet: „goel"; es ist also jenes Wort, über das wir schon mehrfach gesprochen haben: jemand, der das Recht hat, zu erlösen. Sie sah nicht nur, dass er mit ihnen verwandt war, sondern aufgrund dieser Tatsache auch das Recht hatte, als „Erlöser" für sie einzutreten. Und vor allem sah sie nun: Gerade die Tatsache, dass sie alles verloren hatten und Ruth eine kinderlose Witwe war, versetzte sie in den Stand, sich auf das „goel"-Gesetz berufen zu können.

So ist es nicht verwunderlich, dass Naemi ganz außer sich war, während sie Ruth das alte hebräische Gesetz erklärte. Und so ist es auch kein Wunder, dass sie Ruth dringend ersuchte, sich auf keinem anderen Feld als dem des Boas sehen zu lassen, denn schon zu diesem Zeitpunkt arbeitete sie in ihrem Sinn an einem Plan, wie sie sich das Recht, das Boas ihnen gegenüber hatte, zunutze machen konnten. Aber dies war nicht nur eine Rechtsangelegenheit, sondern auch eine Herzenssache. Das konnte ja nur aufgrund einer gegenseitigen Liebe zwischen Boas und Ruth geschehen. So galt es, sehr sorgfältig vorzugehen und in der richtigen Weise und zu der richtigen Zeit die entsprechenden Schritte vorzunehmen.

Auch uns muss es offenbart werden, welche Rechte dem Herrn Jesus um unseretwillen verliehen worden sind, damit wir ermutigt werden, die volle Erlösung, die Gott in seiner Gnade für uns bereithält, glaubend in Anspruch zu nehmen. Wir müssen erkennen, dass der Herr, der uns unverdienterweise so viel Gutes erwiesen hat, seit wir als Ährenleser unseren Platz auf seinem Feld eingenommen haben, immer noch mehr für uns hat und uns mehr bedeuten will als bisher. Uns müssen die Augen dafür geöffnet werden, dass Jesus unser nächster Verwandter ist und das Recht hat, uns zu erlösen und unsere Situation zu retten, und dass er sich dieses Recht erworben hat, indem er sein Blut vergossen hat, das mächtig genug ist zu erlösen und zu retten.

Jesus hat auf Erden Macht, Sünden zu vergeben, und weit mehr als das: Er hat Macht, uns zu erlösen und alles, was durch unsere Sünde verloren gegangen ist, wiederzuerstatten und in unserem Leben alles zum Besten zu wenden. Und das geschieht aufgrund seines Blutes, das er für uns vergossen hat und alle uns anhaftende Schuld im Voraus bezahlt und ausgelöscht hat.

Kann uns diese Schau in Bezug auf sein Blut gegeben werden, dann werden wir auch seine Gnade in einem ganz neuen Licht sehen. Dann werden wir nämlich sehen, dass gerade unsere Mängel und Fehler und Versagen uns in den Stand setzen, die Gnade empfangen zu können. Gerade so musste Ruth zuerst einmal sehen, dass sie nur aufgrund ihrer Armut und Witwenschaft die Hilfe des „Erlösers“ erfahren konnte.

Die Worte von John Newton:

„Du rufst Beladene zu dir,
und ein solcher bin auch ich.“

vermitteln mir, während ich sie singe, immer aufs Neue diese Vision der Gnade. Sie zeigen mir, dass Jesus gerade für die beladenen Seelen da ist und sie zu sich ruft, und weil es so ist, rechne auch ich mich zu ihnen und singe: „Und ein solcher bin auch ich.“

Unsere Sündennot, unser Versagen machen uns nicht untauglich, die Gnade zu empfangen und zu erfahren, wie der Teufel es uns einflüstern will, vielmehr ist es gerade umgekehrt: Wenn wir unser Versagen eingestehen, bildet dieses die Voraussetzung, den Segen empfangen zu können, denn dann sind wir gerade der richtige Fall für ihn.

Es ist darum sehr wichtig, dass uns eine neue Schau über das Blut Christi und die Gnade Gottes gegeben werden kann, dann werden wir auch ähnlich wie Ruth es wagen, die Hilfe unseres nächsten Verwandten in Anspruch zu nehmen.

So wird es um Ihrer selbst willen gut sein, wenn Sie immer und immer wieder das herrliche Evangelium hören; und wenn es nicht immer von der Kanzel gepredigt wird, dann predigen Sie es Ihrem eigenen Herzen, bis Sie die Freimütigkeit haben, sich Ihrem nächsten Verwandten in dem festen Vertrauen zu Füßen zu werfen, dass er sich Ihrer annehmen wird.

„Breit' deines Mantels Saum ganz über mich!“

Auf einmal wusste Naemi, was zu tun war. Sie sah, dass es für Ruth noch eine viel bessere Möglichkeit gab, als nur als Ährenleserin zur Arbeit auf die Felder zu gehen und abends müde heimzukehren. Innerlich sah sie schon, wie Ruth in einem eigenen Heim wohnte und als Ehefrau und Mutter geliebt und geehrt wurde. Genau das hatte sie im Sinn, als sie eines Abends zu ihr sagte: „Meine Tochter, ich will dir eine Ruhestatt (d. h. ein trautes Heim) suchen, dass dir's wohl gehe" (3,1). Und als Ruth sie dann ganz erstaunt anschaute, sagte Naemi: „Ist nicht Boas, bei dessen Mägden du gewesen bist, unser Verwandter?"

Und dann offenbarte sie ihr ihren Plan: Sie solle zu ihm gehen, um ihn auf das „goel"-Gesetz hin anzusprechen. Aber das war nun eine sehr delikate Angelegenheit, denn es mochte ja sein, dass Boas, der das Erlösungsrecht wohl hatte, gar nicht willig war, davon Gebrauch zu machen, denn mit dem Rückkauf des Landes war die Pflicht verbunden, eine Frau zu heiraten. Doch Naemi hatte allen Grund anzunehmen, dass Boas gerührt und vielleicht mehr als gerührt war über diese schlichte Ährenleserin auf seinen Feldern, und mit einem gewissen Feingefühl, das den Frauen eigen ist, ahnte sie, dass Ruth ihn auch liebte.

So erteilte Naemi der Ruth Instruktionen, was sie nun tun sollte. Die Gerstenernte war eingebracht und die Leute in der Dresch-Tenne fingen an, fröhlich zu sein. So sagte sie zu Ruth, sie solle sich baden und salben und neue Kleider anziehen. Es ist gut möglich, dass sie bis dahin nur im Witwen-Gewand einhergegangen war und dass jedermann sie bis dahin nur so gesehen hatte. Aber indem sie nun ihre Kleider wechselte, gab sie zu verstehen, dass sie heiraten könne, wer Gefallen an ihr finde.

Aber sie wollte nur von einem einzigen Mann gesehen werden. So musste sie sich im Schatten verbergen und warten, bis das Fest mit allen Lustbarkeiten vorüber war und die Leute nach Hause gegangen waren. Sie musste nun heimlich beobachten, wo Boas sich niederlegen würde, denn dieser musste bei der geworfelten Gerste schlafen, damit sie nicht gestohlen wurde. So beobachtete sie ihn, wie er sich im Schatten niederließ und seine Decke über sich zog.

Als er eingeschlafen war, stahl sie sich hinein und – wie Naemi sie angewiesen hatte – hob seine Decke am Fußende ein wenig und legte sich zu seinen Füßen nieder. Ich glaube, Naemi hat sie angewiesen, in der Weise vorzugehen, um sicher zu sein, dass er ganz sachte darüber aufwachen würde. Jeder Mensch wacht auf, wenn er kalte Füße bekommt. Aber er wacht langsam auf, nicht mit einem jähen Schrecken, und er weiß zuerst gar nicht, warum er aufgewacht ist. Und gerade so geschah es auch hier. Um Mitternacht erwachte er, „und siehe, eine Frau lag zu seinen Füßen“ (3,8). Erschrocken fragte er: „Wer bist du?“ „Ich bin Ruth, deine Magd. Breite den Zipfel deines Gewandes über deine Magd, denn du bist der Löser.“

Nun, was ist damit gemeint, wenn jemand aufgefordert wird, seinen Mantel über einen anderen zu breiten? Es gibt noch eine Bibelstelle, in der der gleiche Ausdruck gebraucht wird, nämlich: Hesekiel 16,8. Aus dieser Stelle wird deutlich, dass dies eine symbolische Handlung war, durch die ein Mann einer Frau gegenüber zu verstehen gab, dass er diese als seine Frau auserwählt habe. Bei der erwähnten Bibelstelle handelt es sich um ein schönes Gleichnis, in dem gezeigt wird, wie Jahwe sich Israels annimmt, damit es sein Eigentum sei: „Und ich ging an dir vorüber und sah dich an, und siehe, es war die Zeit, um dich zu werben. Da breitete ich meinen Mantel über dich und ... schloss mit dir einen Bund, spricht Gott der Herr, dass du sollest mein sein.“

Normalerweise war es nun aber Sache des Mannes, seinen Mantel über eine Frau zu breiten, denn es war ja an ihm, die Wahl zu treffen. Es kam wohl nicht oft vor, dass ein Mädchen einen Mann bat, seinen Mantel über sie zu breiten, denn das bedeutete ja, dass sie sich ihm anbot. Aber gerade das hat Ruth hier getan. Indem sie bat: „Breite deinen Mantel über deine Magd!“, wollte sie mit anderen Worten sagen: „Heirate mich, heirate mich, Boas! Nimm mich als deine Frau!“ Dies – wohlverstanden – ein rein symbolischer Akt. Wir haben in der Geschichte keinerlei Hinweis dafür, dass sie mit diesen Worten Boas zu einer unziemlichen Handlung hätte einladen wollen.

Bedeutete dies aber, dass Ruth den Boas fragte, ob er sie heiraten wolle, so hatte es doch zumindest den Anschein, dass sie etwas Unschickliches tat. Aber halt – sie gibt auch gleich den Grund an, warum sie so bittet: „... denn du bist der Löser“, der „goel“, also einer, der das Recht hatte, den verlorenen Besitz des Mahlon zurückzukaufen und seine Witwe zur Frau zu nehmen, um ihm Nachkommen zu verschaffen. In dem Augenblick, als sie sagte: „... denn du bist der ‚goel'", sah die ganze Angelegenheit anders aus; von da her gesehen hat sie doch nichts Unschickliches getan. Sie hat sich nur auf das „goel"-Recht berufen, und das war Boas auch sofort klar. Man konnte ihr wegen ihres Vorgehens in keiner Weise etwas Böses nachsagen. Man hätte höchstens Boas einen Vorwurf machen können, dass er seine verwandtschaftliche Pflicht bis dahin gar nicht realisiert hatte. Er hat auch sofort darauf reagiert: „Ja, es ist wahr, dass ich ein Löser bin ... Alles, was du sagst, will ich dir tun."

Nun, auch wir haben nichts anderes zu tun als uns vor seine Füße zu legen. Welch eine ergreifende Sache ist es doch, wenn von uns gesagt werden kann: Sieh, ein Christ liegt zu deinen Füßen, der nur Versagen zu bringen hat; oder: Sieh, ein Prediger liegt dir zu Füßen und bekennt seine Sünde; oder: Sieh, ein Ehemann oder eine Ehefrau, ein Vater oder eine Mutter liegt wegen seines oder ihres Zukurzkommens vor dir; oder: Ein junger Christ, der einen so guten Anfang genommen hatte, liegt zu deinen Füßen. Und alle haben sich ihm zu Füßen geworfen, weil es ihnen klar geworden ist, dass er trotz allem ihr nächster Verwandter ist, der das Recht und die Macht und den Willen hat, alles zurechtzubringen, was verkehrt gemacht worden ist, den Sünder zu erlösen, ihm zu vergeben und sein ganzes Leben in seine Hand zu nehmen.

Es mag sein, dass Sie sich weiter keines großen Versagens bewusst sind oder dass Sie gar nicht niedergeschlagen sind oder dass Ihre Umstände gar nicht so verworren und ausweglos sind, aber doch ist auch für Sie dieser heilige Ort da: der Platz zu seinen Füßen. Und während Sie dort liegen, können Sie das Gebet der Ruth sprechen: „Breite deinen Mantel über mich Sünder, nimm mich an, bürge für mich, denn du bist mein nächster Verwandter."

Wenn er Sie zu seinen Füßen liegen sieht und Sie so beten hört, weiß er, dass hier ein Sünder bei ihm Zuflucht gesucht hat, der sich auf das Erlösungsrecht und die Erlösungskraft des Herrn beruft – und er wird ihm seine Hilfe nicht versagen. Sie sind für die schwierigen Umstände, die Sie durch Ihre Sünde verursacht haben oder an denen Sie doch mindestens teilweise schuld sind, selbst verantwortlich, aber nur bis zu dem Zeitpunkt, da Sie sich zu seinen Füßen niederwerfen und Buße tun. Aber sobald Sie mit Ihren Sünden und mit Ihren Nöten zu ihm kommen, sind Ihre Sünden vergeben und Sie werden von allen Flecken gereinigt, und außerdem übernimmt er von dem Augenblick an die Verantwortung für alle Ihre Umstände.

Aber nun sind wir eben nicht immer bereit, uns selbst als Versager zu betrachten oder zuzugeben, dass wir an unseren Problemen – mindestens zum Teil – selbst schuld sind. Ich für meinen Teil nehme da den Standpunkt ein: Wenn ich die schwierige Situation auch offenbar nicht verursacht habe, so habe ich durch mein falsches Verhalten doch mindestens dazu beigetragen. Wenn jemand anders den Fehler begangen hat, dann war doch mein Verhalten, meine Reaktion ihm gegenüber auch falsch, und dadurch ist alles nur noch schlimmer geworden. Man hat sich vielleicht eine Zeit lang darüber gestritten, wer der Schuldige sei, weil es schwierig war, den Hauptschuldigen zu erkennen, da beide schuldig sind. Ist nun diese schwierige Situation darauf zurückzuführen, dass der andere so wenig zerbrochen ist, oder liegt es an mir? Jemand hat einmal gesagt: „Wenn Christen sich streiten, bleibt der Teufel neutral und sorgt dafür, dass beide Seiten genügend Munition haben."

In einem solchem Fall ist es klar, dass Jesus seinen Mantel nicht über mich breiten kann, dass er sich meiner und meiner Umstände nicht annehmen kann, bis ich bereit bin, mich zu seinen Füßen niederzulegen und zu bekennen, dass ich der Schuldige bin, ohne zu erwarten, dass irgendjemand anders das vor mir tun sollte. Wir bekennen uns alle nur ungern als die Schuldigen, aber wir müssen das einfach lernen, und es braucht schon etwas, bis wir es gelernt haben. Doch wenn wir dies beständig praktizieren, werden wir es schon lernen! Bekennen wir uns aber schuldig, dann vergibt er uns nicht nur die Sünden und gibt uns nicht nur seinen Frieden, vielmehr bringt er dann auch alles wieder in Ordnung und macht alles neu, sodass es mit uns nachher viel besser wird, als es je zuvor war.

Hier gilt auch uns der Rat, den Naemi der Ruth gegeben hat: „Warte nun ab, meine Tochter, bis du erfährst, wo es hinaus will; denn der Mann wird nicht ruhen, er bringe es denn heute zu Ende"

(3,18). Boas musste erst eine Sache klären, bevor er die Rolle des Lösers für Ruth übernehmen konnte (darauf werden wir im nächsten Kapitel noch zu sprechen kommen). Auch wir werden manchmal still sitzen und auf Gott warten müssen, bis er sein Werk getan hat, nachdem wir am Fuß des Kreuzes Zuflucht genommen und unsere Angelegenheiten ihm übergeben haben.

Während wir die Vergebung der Sünden und die Wiederherstellung der Seele sofort erfahren, braucht es etwas mehr Zeit, bis Gott auch unsere Umstände verändern und alles wieder in Ordnung bringen kann, denn da muss er meistens erst einmal mit anderen Faktoren fertig werden oder in anderen Personen sein Werk tun. „So warte nun ab, meine Tochter, bis du erfährst, wo es hinaus will; denn der Mann wird nicht ruhen, er bringe es denn heute zu Ende."

Wir können getrost ruhen, denn er wird nicht ruhen. Überlassen Sie die ganze Angelegenheit ruhig ihm, dann wird er handeln. Andererseits bedeutet dies nicht, dass wir gar nichts zu tun hätten: Es gilt ihm nun zu gehorchen und in gewissen Dingen mit ihm zusammenzuarbeiten, vielleicht wird es nötig sein, irgendwohin zu gehen und etwas zu bekennen oder wiederzuerstatten oder sonst etwas zu tun. Dabei sollten wir immer daran denken, dass wir dadurch mit dazu beitragen, dass alles wieder in Ordnung kommt. Aber letztlich ist es ganz seine Sache, alles wieder gutzumachen, und gerade darin erweist er sich immer als der große Experte. Darum: „Warte nun ab, Tochter ... der Mann wird nicht ruhen ..."

Die Reaktion des Boas

Wie hat nun Boas auf diese gewagte Bitte reagiert? Würden Sie so etwas für möglich halten? Er dankte ihr! Er sagte: „Gesegnet seist du vom Herrn, meine Tochter!" Er war hocherfreut darüber, dass sie ihn als ihren „goel" ansprach, nicht nur, weil er sie inzwischen schon innigst liebte, sondern weil sie, obgleich sie arm und fremd in dem Land war, sich so freimütig auf das Gesetz Jahwes, des Gottes der Gnade, berufen hatte. Mit anderen Worten hat er zu ihr gesagt: „Ich danke dir, ja, ich danke dir, dass du mir das Vorrecht gewährst, dir gegenüber das Recht des nächsten Verwandten und Lösers ausüben zu dürfen."

Und wenn Sie zu dem Fuß des Kreuzes kommen, um Erlösung und Erneuerung zu erfahren, dankt Jesus Ihnen, dass Sie zu ihm gekommen sind. Jesus sagt in Johannes 16,24: „Bisher habt ihr nichts gebeten in meinem Namen. Bittet, so werdet ihr nehmen, dass eure Freude vollkommen sei." Sehen Sie – er bittet uns, ihn zu bitten! Wenn er sich in einem Punkt über uns beklagt, dann deswegen, weil wir ihn um nichts gebeten haben! Gewöhnlich haben wir die Vorstellung, wir müssten irgendwie versuchen, seine Abneigung, unser Gebet zu erhören, zu überwinden, und die Art und Weise, wie wir beten, zeigt, dass wir wirklich so denken. Aber diese Einstellung ist nicht richtig. Bitten heißt vielmehr, in der Überzeugung, dass er unser Gebet erhören will, ihn bei seinem Wort zu nehmen. Er bittet Sie zu bitten, er bittet Sie, zu ihm zu kommen und den Platz der Ruth einzunehmen; er bittet Sie, ihm Ihre ganze verlorene Situation zu übergeben; und wenn Sie das tun, dann dankt er Ihnen für das Vorrecht, Ihnen helfen zu dürfen.

Natürlich danken auch wir ihm, aber nichts macht ihn so glücklich, als wenn er sieht, dass wieder jemand sich zu seinen Füßen niederlegt und ihn bittet:

„Bedecke mich, bedecke mich,
breit' deines Mantels Saum ganz über mich,
denn du bist mir der nächste Verwandte!
Bedecke mich, bedecke mich, bedecke mich!"

Und sicherlich wird er uns dann mit dem Mantel seines kostbaren Blutes bedecken.

Nun lasst uns noch im Einzelnen die Worte betrachten, die Boas an jenem Tag Ruth gegenüber ausspricht, denn sie sind für uns sehr wichtig. „Gesegnet seist du vom Herrn, meine Tochter! Du hast deine Liebe jetzt noch besser erzeigt als vorher, dass du nicht den jungen Männern nachgegangen bist, weder den reichen noch den armen" (3,10). Indem Boas ihre Liebe und Freundlichkeit hervorhebt, nimmt er ganz offensichtlich Bezug auf ihre Wahl, die sie damals getroffen hat, als sie sich entschied, ihr Land und ihre Familie zu verlassen und ganz zu Naemi zu halten. Darin hat sie in der Tat ihre große Liebe bewiesen. Aber er sagt zu ihr: „Du hast deine Liebe jetzt noch besser erzeigt als vorher ..."

Nun, worin bestand wohl die Liebe, die sie zuletzt erzeigt hatte? Was würden denn viele andere junge Witwen an ihrer Stelle getan haben? Manch eine hätte sich vielleicht gesagt: „Hier habe ich keine Zukunft – nur Ähren auflesen auf den Feldern anderer Leute und in solch einem eingefallenen Bauernhaus leben und eine alternde Schwiegermutter versorgen? Ich will nicht länger solch ein armseliges Dasein führen und mich nach einem Mann umsehen unter den jungen Männern."

Ruth hätte sehr wohl ein Recht gehabt, das zu tun. Hätte sie das getan und außerhalb der Familie einen Mann gefunden, dann hätte sie allerdings Naemi im Stich lassen müssen; sie hätte Naemi sich selbst überlassen müssen, das Familienland wäre wahrscheinlich nie wieder zurückgekauft worden. Für den Namen Mahlons hätte es nie Nachkommen gegeben, die dessen Land hätten erben können, und die Familie Elimelechs wäre in Israel ausgestorben. Aber für einen solchen Weg hat sie sich nicht entschieden. Vielmehr hielt sie weiterhin treu zu Naemi und zu jener alten Familie, die im Aussterben begriffen war. Und als sich ihr diese neue Möglichkeit erschloss, sah sie im Geist schon, wie diese Familie wieder auflebte. Sie richtete an Boas die dringende Bitte, das Familienland zurückzukaufen, und bot an, Mutter der Erben zu werden, sofern er sie zur Frau nehmen und die Verwandten-Pflicht übernehmen würde. Boas anerkannte es lobend, dass sie lieber die alte Familie aufleben lassen wollte, anstatt zu versuchen, eine neue Familie zu gründen. Darüber war Boas hocherfreut, und darum sagte er: „Du hast deine Liebe jetzt noch besser erzeigt als vorher."

Dies hat auch uns etwas zu sagen: Wenn in einer Angelegenheit Schwierigkeiten auftauchen, wenn alles ganz anders wird, als wir es uns vorgestellt hatten, geben wir die Sache sehr bald verloren, nehmen Abstand davon und fangen etwas Neues an; solche Handlungsweise entspricht ganz unserer Natur. Aber worin lag die Ursache der Schwierigkeiten, die aufgetreten waren? Waren wir nicht auch selbst schuld daran? Und wenn dies zutrifft, werden wir unsere Probleme auch in die neue Situation mit hineinbringen. Wenn das Problem in Ihnen selber liegt, werden Sie immer und überall Probleme haben.

Ich glaube, es freut den Herrn Jesus nicht, wenn wir immer wieder etwas Neues anfangen wollen, vielmehr möchte er uns eine Schau darüber geben, wie er Sieg und Erneuerung in der alten Situation schenken kann, und er möchte, dass wir zu der Gewissheit kommen: Für Jesus ist nichts zu schwer, und er kann alles wieder in Ordnung bringen. Und wenn wir bestrebt sind, die alte Situation wieder in Ordnung zu bringen, müssen wir ebenso unter dem Kreuz Buße tun wie andere Leute.

Dies gilt zum Beispiel für jemanden, der Mitglied oder Prediger einer Gemeinde ist, in der es allerlei Probleme gibt. Wegen dieser unglücklichen Umstände ziehen viele es dann vor, aus der betreffenden Gemeinde auszutreten und sich einer anderen Gemeinde anzuschließen. Ich möchte nicht unbedingt sagen, dass es immer falsch sein muss, aus einer Gemeinde auszutreten, denn manche Leute werden vom Herrn geführt, das zu tun. Aber es ist sicherlich besser, und Gott wird dadurch viel eher verherrlicht, wenn er die Dinge in der Gemeinde ändern und eine Neubelebung schenken kann, als wenn wir weggehen in eine andere Gemeinde. Und wenn wir das nur sehen könnten, dann wäre es uns auch klar, dass die Veränderung und Neubelebung bei uns selbst beginnen muss.

Diese Wahrheit lässt sich auch auf ein Eheverhältnis anwenden, das nicht gerade glücklich ist. Wenn Probleme im Zusammenleben auftreten, gehen viele gleich zum Scheidungsrichter anstatt zum Kreuz. Man zieht es vor, Schluss zu machen, anstatt das eigene Versagen einzugestehen, sodass Jesus alles wieder zum Guten wenden kann. Es ist Gott sehr daran gelegen, dass wir eine Schau dafür bekommen, wie er die Dinge verändern und die Umstände, in denen Sie jetzt gerade leben, verwandeln und alles neu machen kann. Das kann aber bedeuten, dass die Verwandlung bei Ihnen selbst – und nicht bei jemand anders – beginnen muss. Wie schon gesagt wurde:

Zum Streiten gehören immer zwei, aber wenn der eine Teil nicht streiten will und die Schuld bei sich selbst sucht, wird es zu keinem Streit kommen. Warum sollten nicht Sie derjenige sein, der dies tut? Und wenn der Herr sieht, dass Sie hierzu gewillt sind, freut er sich, und er sagt: „Gesegnet seist du vom Herrn, meine Tochter! Ich danke dir, dass du mir die Gelegenheit gibst, in dein Leben einzutreten und alles neu zu machen."

Dieses Prinzip lässt sich nicht nur auf diese beiden, sondern auf viele andere Situationen anwenden, auf kleine und große Angelegenheiten. Es ist wirklich so, dass es viel mehr Lohn bringen wird, wenn wir die Dinge in Ordnung bringen, anstatt alles aufzugeben und wegzulaufen.

6. Boas und der nächste Verwandte

„... aber es ist noch ein Löser da, näher verwandt als ich."
(Ruth 3,12)

Als Boas erklärte, er sei gerne bereit, auf ihren Wunsch einzugehen, musste er sie jedoch auch darüber in Kenntnis setzen, dass da noch ein Hindernis war, dass er die Sache aber sofort klären wolle. „Ja, es ist wahr, dass ich ein Löser bin; aber es ist noch ein Löser da, näher verwandt als ich." Dieser Mann hatte noch vor ihm das Löserecht und musste ihm zuerst die Chance dazu geben. „Will er dich dann am Morgen lösen, gut, so mag er's tun; hat er aber keine Lust, dich zu lösen, so will ich dich lösen, so wahr der Herr lebt" (3,13).

Nun wird in dem Buch Ruth ja der Herr Jesus und das Evangelium, in dessen Mittelpunkt Jesus steht, bildlich dargestellt. Stellt Boas einen Vortyp auf den Herrn Jesus als Erlöser dar – was bedeutet dann dieser noch nähere Verwandte, der vor ihm das Recht hatte? Hier müssen wir die Dogmatik wohl aus dem Spiel lassen, doch ich denke, man könnte in diesem Mann das Gesetz Gottes bildlich dargestellt sehen, denn dieses hatte in erster Linie ein Recht an dem Sünder. Und das Recht, das das Gesetz Gottes hatte, bestand darin, dass es den Sünder verdammen konnte.

Dieser Gedanke entspringt nicht meiner Phantasie. Ich habe zu meinem großen Erstaunen festgestellt, dass auch andere Ausleger diese Stelle in gleicher Weise deuten. Das eine steht auf jeden Fall fest, dass Boas, obwohl er wirklich bereit war, Ruth zu lösen, es als rechtswidrig empfand, dies ohne weiteres zu tun. Nach dem Gesetz musste der nächste Verwandte als „goel" auftreten, und dieser Mann war eben näher verwandt als Boas, und dem Gesetz musste Genüge getan werden, bevor Boas sie lösen konnte.

Wie wir bereits sagten, hat in erster Linie das Gesetz ein Anrecht auf den Sünder, und dieses besteht darin, ihn zu verdammen. Das Gesetz Gottes stellt an uns hohe Anforderungen, und es ruft uns auf, ihnen zu entsprechen. Es umfasst nicht nur die zehn Gebote, die auf dem Sinai gegeben wurden, sondern auch die Bergpredigt des Herrn und die vielen moralischen Gebote im Neuen Testament. Und das Gesetz weist auf diese Forderungen hin und sagt: „Welcher Mensch sie tut, der wird durch sie leben“ (Röm. 10,5). Das bedeutet: Wenn wir die Gebote halten und es uns gelingt, unser Leben danach auszurichten, werden wir das ewige Leben und alles, was wir für das geistliche Leben brauchen, haben. Aber andererseits bedeutet dieses Wort: „Wenn es dir nicht gelingt, es zu halten, wirst du sterben.“ Nun haben wir aber ausnahmslos alle versagt und das Gesetz nicht gehalten, und so kann es nichts weiter tun, als uns zu verdammen. Dies bedeutet, dass das Gebot, das dazu bestimmt war, uns das ewige Leben zu vermitteln, wenn wir es halten, uns nun zum Tode gereicht, weil wir es eben nicht gehalten haben (Röm. 7,10).

Somit kann das Gesetz nichts weiter tun als zu verdammen. Das bedeutet nun aber nicht, dass jene Forderungen des Gesetzes für den Christen außer Kraft gesetzt sind. Sie müssen erfüllt werden, jedoch durch die Macht der Gnade und auf eine ganz andere Weise. In dem Bund der Gnade übernimmt Gott selbst die Verantwortung dafür, das in uns hineinzulegen, was er von uns fordert, und dies kann er natürlich nur tun, wenn wir uns danach ausstrecken. Aber solange wir unter dem Gesetz sind, liegt die Verantwortung ganz auf uns, und wenn wir den gestellten Anforderungen nicht Genüge leisten, werden wir verurteilt.

Das Gesetz Gottes mit allen hohen Anforderungen, so schön sie auch sein mögen, vermag die Abgefallenen, die Sünder, nicht zu erlösen. In Kapitel vier sagt dieser Mann, der noch näher verwandt ist, zweimal: „Ich vermag es nicht zu lösen“ (4,6). Vielleicht dachte er, um das tun zu können, müsse er einen Teil seines Besitzes verkaufen, und dadurch würden die Erben weniger bekommen. Aber worin der Grund seines Unvermögens auch liegen mag – die Worte „Ich vermag es nicht zu lösen“ sind für uns von größter Bedeutung, wenn wir in diesem Mann das Gesetz bildlich dargestellt sehen, das uns wohl verdammen, aber niemals erlösen kann.

In 1. Korinther 15,56 wird uns tatsächlich auch gesagt, das Gesetz stärkt eher die Sünde als dass es sie schwächen würde. Es heißt dort: „Die Kraft der Sünde ist das Gesetz", und das bedeutet, das Gesetz verleiht der Sünde umso mehr Kraft, uns zu verdammen, wenn wir versagen. Wir würden eher denken, es müsste heißen: „Die Kraft der Sünde ist die Versuchung, aber die Kraft der Heiligkeit ist das Gesetz." Aber so steht es nicht geschrieben. Im Gegenteil: Je höher die Anforderungen sind, desto intensiver haben wir das Gefühl, dass wir schuldig sind, und umso härter klagen wir uns an. Alle unsere Gelübde, uns zu bessern, alle unsere guten Vorsätze und hohen Ziele geben dem Teufel nur umso mehr Gelegenheit, uns zu verklagen, sie geben ihm eine umso längere Peitsche in die Hand, uns zu schlagen.

Ist Jesus also unser Verwandter und Erlöser, dann ist der andere Verwandte von uns unser Richter, und Jesus kann uns nicht eher lösen, als bis er die Sache mit dem Gesetz erledigt hat. Sie werden jenes Wort im 1. Johannesbrief kennen; dort wird uns gesagt, wenn wir unsere Sünden bekennen, vergibt Gott uns und reinigt uns; in diesem Vers wird aber auch gesagt – und diese Worte sollten wir besonders beachten –, dass er „treu und gerecht" ist und dieses darum auch wirklich tun wird (l. Joh. 1,9). Er wird uns nicht in der Weise vergeben, dass dadurch die göttliche Gerechtigkeit in Misskredit kommt. Wenn Gott „den Gottlosen gerecht macht" (Röm. 4, 5), muss ein Weg gefunden werden, dass er trotzdem „gerecht sei und gerecht mache den, der da ist des Glaubens an Jesus", um einen Ausdruck des Paulus zu gebrauchen (Röm. 3,26).

Will Jesus ein Freund der Sünder sein, will er die Schuld der Sünder tilgen und mit all unserem Schmutz aufräumen, dann muss er zuerst dem Gesetz Gottes Genüge tun. Um die Angelegenheit mit dem noch näheren Verwandten zu klären, musste Boas zum Tor der Stadt gehen, wo solche Dinge ausgehandelt wurden. Aber um der Sache willen, die Jesus für uns zu erledigen hatte, musste er zur Stadt hinaus, zu dem Ort der Schande, wo er am Kreuz zwischen Verbrechern starb, als wäre er selbst einer von ihnen. Vor allen Dingen musste er dort der Sünde die Kraft nehmen, uns verdammen zu können, und das hat er getan, indem er den Fluch auf sich nahm, der auf alle kommt, die das Gesetz übertreten, sodass dieser nun ganz hinweggenommen ist.

Tatsächlich war Jesus der erste Mensch, bei dem die Sünde keinerlei Macht hatte zu verdammen. In Römer 6,10 wird genau das gesagt: „Denn was er gestorben ist, das ist er der Sünde gestorben ein für alle Mal." Es wird hier nicht gesagt, er sei nur für die Sünde gestorben, vielmehr heißt es, er ist der Sünde gestorben. Das bedeutet, er ist der Macht der Sünde gestorben, sodass sie ihn nicht mehr verdammen kann um der Menge der Sünden willen, die er auf sich genommen hat. In dem Augenblick, als er sein Blut vergossen und gerufen hat: „Es ist vollbracht!", konnten Satan und das Gesetz ihn nicht länger festhalten, da der Preis nun gezahlt worden war. Als er dann von den Toten auferstanden war, gab es darum keinen Grund mehr, warum er noch länger hätte dort bleiben sollen. Aber wenn das Gesetz seine Kraft, unseren Mittler zu verdammen, verloren hat, hat es auch keine Kraft mehr, alle jene Menschen zu verdammen, deren Mittler er geworden ist.

Da nun dieser nähere Verwandte seinen Anspruch an uns aufgeben musste, kann nun Jesus in Wahrheit den Platz unseres nächsten Verwandten einnehmen, der nun das unantastbare Recht hat, uns zu erlösen. Und wir unsererseits brauchen keine Gewissensbisse zu haben – auch wenn wir ein noch so sensibles Gewissen haben –, seine Erlösung anzunehmen, die er uns in seiner Gnade frei und umsonst anbietet, denn er hat für uns das Gesetz erfüllt.

Ich möchte die große Kraft des Blutes Jesu rühmen. Seine Wirksamkeit besteht nicht nur darin, die Sünde zu vergeben, es nimmt auch alle Schande hinweg, die sie hinterlassen hat. Die schwierige Situation, die der Mensch durch seine Sünde verursacht hat, mag immer noch bestehen und im Begriff sein, nach und nach verwandelt zu werden, aber bei alledem hat er doch Frieden mit Gott. Durch die Kraft des Blutes Jesu ist die Schuld vollkommen getilgt, und er kann trotz aller Schwierigkeiten mit Freimütigkeit und Freude beten, als hätte er diese überhaupt gar nicht selbst verschuldet, und so kann er getrost erwarten, dass Gott eingreift und alles wendet. Obwohl er noch durch große Prüfungen zu gehen hat, kennt er doch die Seligkeit des Mannes, „welchem der Herr die Sünde nicht zurechnet" (Röm. 4,6-8).

Die Folgen seiner Sünde sind nun für Gott zu einem Rohmaterial – man kann sagen, zu einem neutralen Rohmaterial – geworden, mit dem er etwas ganz Neues schafft. Ich sage „neutral", weil dem Menschen in der ganzen verworrenen Situation, die er Gott übergibt, in keiner Weise mehr vorgehalten wird, dass er das alles selbst verschuldet hat. Es wird auch nicht die geringste Anklage mehr gegen ihn erhoben. Jeder Ton in der Hand des Töpfers ist zu Beginn unförmig, und unser himmlischer Töpfer wird uns sicherlich nicht zu verstehen geben, wie schwierig es doch sei, aus dieser Unförmigkeit etwas Gutes zu schaffen, wie es vielleicht ein irdischer Töpfer tun würde.

Das Zeugnis Davids

Aus diesem Grund konnte David in Psalm 3 mit solcher Kühnheit und Freude beten, obwohl er sich in einer sehr schwierigen Lage befand; er musste nämlich vor Absalom fliehen. Nathan hatte ihm gesagt, dass die Züchtigung, die er infolge seiner Sünde vom Herrn erleiden werde, zum Teil darin bestehe, dass man ihm von Seiten seiner eigenen Familie große Schwierigkeiten bereiten werde. Und doch sagt er in diesem Psalm, der die Überschrift trägt „Ein Psalm Davids, als er vor seinem Sohn Absalom floh": „Aber du, Herr, bist der Schild für mich, du bist meine Ehre und hebst mein Haupt empor", und wiederum: „Ich liege und schlafe und erwache; denn der Herr hält mich"; dann fährt er fort: „Ich fürchte mich nicht vor vielen Tausenden, die sich ringsum wider mich legen", und er schließt den Psalm, indem er die Befreiung, die Gott ihm sicherlich geben wird, im Glauben schon für sich in Anspruch nimmt: „Denn du schlägst alle meine Feinde auf die Backe und zerschmetterst der Gottlosen Zähne."

Wie kam es, dass er in dieser schweren Zeit ein solches Vertrauen zu Gott hatte und nicht wie ein geprügelter Hund herumlief? Weil

Nathan zu ihm gesagt hatte: „So hat der Herr auch deine Sünde von dir genommen", und weil er wusste, dass seine Schuld wirklich völlig getilgt war. So brauchte er sich nicht mehr selbst anzuklagen und konnte Gott vertrauen, dass er trotz jener schwierigen Umstände die Sache in der Hand hat und daraus etwas Neues schaffen und alles zum Besten wenden wird. Und das hat Gott natürlich auch getan. David konnte seinen Thron wieder besteigen, und man liebte und ehrte ihn mehr als je zuvor, und die Tage, die nun folgten, waren die schönsten seines ganzen Lebens.

In dieser Geschichte wird in der Tat der Glaube an die Gnade Gottes – und nicht so sehr dieser Mann selbst – als gerechtfertigt erwiesen; darin wird wiederum deutlich, dass Gott sich der Sünder annimmt und für sie da ist. Wenn unser Verständnis wirklich geöffnet werden kann für die völlige Sühne durch das Blut Christi, durch die unsere Sünde gänzlich getilgt ist, werden wir in viel stärkerem Maß ermutigt sein, der Gnade zu vertrauen. Jesus ist in Wahrheit unsere Ehre. Er hebt unser Haupt empor, und aufgrund unseres Vertrauens auf das Blut Jesu können wir angesichts aller Feinde und ähnlicher schwieriger Umstände fröhlich sein.

Kein Recht zu verdammen

All das wird in jenem Geschehen in der Geschichte Ruths bildlich dargestellt, als im Tor darüber verhandelt wurde, wer das Erbe Naemis lösen solle. Als der nähere Verwandte von seinem Recht Abstand nahm, zog er seinen Schuh aus und gab ihn dem Boas. Darüber geben uns die folgenden Verse eine Erklärung: „Es war aber von alters her ein Brauch in Israel: Wenn einer eine Sache bekräftigen wollte, die eine Lösung oder einen Tausch betraf, so zog er seinen Schuh aus und gab ihn dem anderen; das diente zur Bezeugung in Israel" (4,7). Während also der nähere Verwandte zu Boas sagte: „Kaufe du es!", zog er seine Sandale aus. Da sagte Boas zu den Ältesten und zu allem Volk: „Ihr seid Zeugen" (4,9).

In einem Schuh über ein Landstück zu gehen, bedeutete wahrscheinlich, dass man das Recht hatte, es zu besitzen. Aber wenn ein Verwandter seinen Schuh auszog, gab er dadurch symbolisch zu verstehen, dass er in dem Augenblick von seinem Recht, das Land zu kaufen, Abstand nahm und dieses Recht dem anderen, nämlich Boas, übergab. Jemand hat diese Stelle so kommentiert: „Das Gesetz hat kein Recht, darüber zu gehen (das heißt, zu verdammen), was Christus erlöst hat." Das ist doch gut, oder nicht? Aber das Gesetz und Satan haben es doch immer wieder versucht. Und Sie haben es zugelassen! Aber Sie haben kein Recht dazu. Sie können das Gesetz, das Sie nur verdammt, und Satan, der Sie nur verklagt, überwinden durch das Blut des Lammes. Um diese Sache noch zu bekräftigen, können Sie die Tatsache der Erlösung bezeugen und aussprechen.

Das hat der Teufel gar nicht gern; er möchte, dass wir diese Wahrheit still für uns behalten. Aber wenn wir einmal erfahren haben, welche Kraft in dem Blut Jesu liegt, wie es uns solchen Frieden und solche Freudigkeit vermittelt, dass wir unsere wunderbaren Erfahrungen auch anderen bezeugen können, dann kommen wir in eine ganz neue Freiheit hinein, die wir bis dahin noch gar nicht kannten. „Und sie haben ihn (den Teufel, den Verkläger der Brüder) überwunden durch das Blut des Lammes und durch das Wort ihres Zeugnisses" (Offb. 12,11).

Als ich mich vor einiger Zeit in einem anderen Land aufhielt und Versammlungen hielt, freute ich mich darauf, einen jungen Prediger wieder zu sehen, den ich dort vor Jahren kennen gelernt hatte. Dieser Prediger hatte den Herrn wunderbar erlebt und gelernt, unter der Gnade zu leben und mit Jesus zu wandeln. Er war auch der beste Übersetzer im Land, und so freute ich mich darauf und erwartete, dass er kommen und mich wieder übersetzen werde. Er tauchte aber gar nicht auf. Erst nach zwei Wochen kam er endlich zu einer Predigerkonferenz. Ich begrüßte ihn herzlich und fragte ihn: „Sie werden mich doch wieder übersetzen, nicht wahr?" Er war sehr zurückhaltend und sich nicht sicher, ob er es tun würde. Er strahlte nicht mehr wie früher, und sein freudiges Wesen, das ihn sonst charakterisierte, hatte er vollkommen verloren, sodass ich sofort empfand, dieser Bruder war überhaupt nicht mehr so, wie ich ihn kennen gelernt hatte.

Nun, er hat mich dann wieder übersetzt, aber man merkte ihm

an, dass es ihm nicht wohl dabei war. Dann vertraute er mir an, was mit ihm geschehen war. Er hatte in der Zwischenzeit in seiner Familie Schwierigkeiten und Auseinandersetzungen mit seiner Frau gehabt, und das war weit herum bekannt geworden unter den anderen Predigern. Der Herr hatte ihm dann Gnade gegeben, dass alles wieder in Ordnung kam, aber die Schande des Geschehenen war eben immer noch da. So hatte er das Gefühl, er dürfe nicht mehr auf der Kanzel neben mir stehen und mich übersetzen, da ihm so bewusst war, dass jener Vorfall allen bekannt war. Er schämte sich, und so hatte er alle Freimütigkeit verloren. Er empfand, dass sein Versagen gegen ihn zeugte und sein Gewissen gebrandmarkt war.

Während wir nun zusammen darüber sprachen, erkannte er auf einmal die Kraft, die in dem Blut Jesu liegt, und er nahm sie sofort für sich in Anspruch. Es wurde ihm nun innerlich klar, dass das Blut nicht nur Kraft hat, die ursprüngliche Sünde zu vergeben, sondern auch die damit zusammenhängende Schande hinwegzunehmen, das Schamgefühl, das einem die Freiheit im Umgang mit den Mitmenschen raubt. Nun entdeckte er, dass er ein Zeugnis zu geben hatte, und zwar nicht so sehr in Bezug auf sein früheres Versagen und die erfahrene Vergebung, vielmehr konnte er nun bezeugen, in welcher Gefangenschaft er sich infolge jenes Vorfalls befunden und wie Jesus ihn daraus befreit hatte.

In den darauf folgenden Monaten hat er dies immer wieder bezeugt, und seine Brüder, die anderen Prediger, liebten ihn. Sie empfanden, dass er etwas hatte, das sie selbst nicht kannten, und so luden sie ihn ein, in ihren Gemeinden zu predigen, und sie ermutigten ihn sogar, in jenem Bezirk ein leitendes Amt zu übernehmen.

Als ich drei Jahre später zusammen mit meiner Frau wieder dorthin kam, arrangierte er für uns die Vortragsreise, und viele Gemeinden und Prediger wurden sehr gesegnet, und zwar dadurch, dass Gott diesem Prediger eine neue Schau geben konnte über die Kraft des Blutes Jesu. Überall stand er an meiner Seite und übersetzte mit Freuden die Botschaft, durch die er jene große Befreiung erlebt hatte, und sie wussten alle, dass es wirklich so war. Welch ein „goel“, welch ein Verwandter ist Jesus für uns! Er vergibt nicht nur die Sünde, sondern verändert auch die Umstände, die damit zusammenhängen, und gibt uns viel mehr zurück, als wir je verloren hatten.

Fehlt Ihnen die Heilsgewissheit?

Wir kommen zum Schluss des Kapitels und wollen noch einmal jene Worte betrachten, die Naemi an Ruth richtete, als sie über den Ausgang der Sache mit dem näheren Verwandten noch ängstlich besorgt war. Wir hatten auf diese Worte bereits Bezug genommen: „Warte nun ab, meine Tochter, bis du erfährst, wo es hinaus will; denn der Mann wird nicht ruhen, er bringe es denn heute zu Ende" (3,18).

Wir haben schon darauf hingewiesen, wie notwendig es ist, still zu warten und Jesus zu vertrauen, bis er unsere Sache wieder ganz in Ordnung gebracht hat. Wie gesagt, können wir ruhen, weil er nicht ruhen wird, und wir können ihm getrost alles überlassen. So hat es auch Ruth getan.

Es gibt auch noch eine andere Anwendungsmöglichkeit dieser Worte. Manche sind seit Jahren gläubig, haben aber immer noch keine Heilsgewissheit. Sie hatten sich vorgenommen und waren bestrebt, zu Jesus zu kommen und ihn ins Herz aufzunehmen, aber sie sind sich immer noch nicht im Klaren darüber, wie es nun zwischen ihnen und Gott steht. Sie können immer noch nicht freimütig bekennen, dass sie errettet sind, und darüber sind sie oft tief bekümmert gewesen. Sie sind sich grundsätzlich im Zweifel darüber, ob sie wirklich vor Gott gerechtfertigt sind oder nicht und auf welche Weise sie vor Gott gerechtfertigt werden können. So kommen sie dann meistens auf den Gedanken, wenn sie mehr für Gott tun würden, wenn sie mehr lieben, dienen, geben und fühlen würden, dann würden sie schon mit Gott in Ordnung kommen, dann würde sicher alles klar werden.

Aber die Schwierigkeit liegt für sie darin, dass sie es leider einfach nicht schaffen und ihre guten Vorsätze nicht verwirklichen können. Für solche Leute passen diese Worte: „Warte nun ab, meine Tochter." Ja, die gleiche Botschaft müssen auch Sie hören: Hören Sie auf zu kämpfen und Vorsätze zu fassen, noch mehr zu tun, übergeben

Sie ihm Ihren Fall. Aber im Weiteren muss die Botschaft nicht wie hier lauten, „der Mann wird nicht ruhen, er bringe es denn heute zu Ende“, sondern: „Der Mann Jesus Christus hat alles vollbracht!“ Sein Werk am Kreuz ist vollzogen, es ist voll ausreichend, alle Ihre Sünden werden dadurch hinweggenommen, und Sie sind aufgrund dieses Werkes vor Gott vollkommen gerechtfertigt.

Zu dieser aus Gnaden Ihnen zugerechneten Gerechtigkeit können Sie nichts mehr hinzufügen, um diese etwa noch wirkungsvoller oder vollkommener zu gestalten. Weil er sein Werk vollbracht hat, hat er sich zur Ruhe gesetzt, und er bittet Sie, dasselbe zu tun. „Dieser aber hat ein Opfer für die Sünden dargebracht und sich für immer zur Rechten Gottes gesetzt“ (Hebr. 10,12), und er möchte, dass auch Sie sich setzen, um auszuruhen. Schauen Sie unentwegt auf das Blut, sehen Sie auf das für Sie vollbrachte Werk am Kreuz, das im Blick auf Sie auch im Himmel akzeptiert wird. Glauben Sie es nur, und Sie werden die Gewissheit haben, dass Sie gerettet sind! Wenn Sie das innerlich schauen, werden Sie darin das Leben haben.

7. Das Happy End

„Ruth, die Moabitin, habe ich mir zum Weibe gekauft."
(Ruth 4,10)

Nun kommen wir zu dem Happy End. Alle Welt liebt Geschichten, die ein Happy End haben, und darin liegt vielleicht der Grund, dass alle, die das Buch Ruth gelesen haben, es immer als recht anmutig und schön empfanden. Aber es gibt kein Happy End wie dieses – es übertrifft wohl das jeder anderen Geschichte in der Welt.

Auch für uns hat die Geschichte der Gnade Gottes ein Happy End. Es mag sein, dass wir durch viele Prüfungen hindurch müssen, dass wir viele Tränen weinen und uns immer wieder beugen und aufs Neue zum Kreuz kommen müssen, bevor Jesus unsere notvolle Situation verwandelt und alles zum Guten wendet. Aber ich möchte Ihnen sagen: Durch die Gnade Gottes werden wir immer ein Happy End haben, und das Happy End der Geschichte Gottes übertrifft bei weitem das irgendeiner anderen Geschichte, und zwar hinsichtlich der Wunder, der Freude und der Erfüllung aller seiner Verheißungen.

In Psalm 30 heißt es: „Sein Zorn (oder seine Züchtigung, wie sie z. B. Naemi durchzumachen hatte) währet einen Augenblick, und lebenslang seine Gnade" (Psalm 30,6). Wenn seine Hand schwer auf uns liegt, will es uns scheinen, als wolle seine Züchtigung gar nicht enden. Aber Sie können sicher sein, sie währt in Wirklichkeit nur einen Augenblick; das werden Sie auch selbst feststellen, wenn Sie später auf eine solche Erfahrung zurückschauen. Seine Gnade aber wird ewig währen. „Den Abend lang währt das Weinen", wie es auch bei Naemi war, „aber des Morgens ist Freude" (Ps. 30,6). In der Nacht des Weinens sind Sie vielleicht versucht zu zweifeln und zu sagen: „Mein Weg ist dem Herrn verborgen, und mein Recht geht vor meinem Gott vorüber" (Jes. 40,27). Aber dann müssen Sie sich selbst zurechtweisen und ermuntern: „Was betrübst du dich, meine

Seele, und bist so unruhig in mir? Harre auf Gott; denn ich werde ihm noch danken, dass er meines Angesichts Hilfe und mein Gott ist" (Psalm 43,5). Ohne Zweifel werden Sie die Stunde erleben, in der sich alle Not wendet und alles wieder gut ist; diese Stunde hat er in seiner Gnade für Sie geplant. Sie wird wirklich kommen, sonst wäre seine Gnade keine Gnade.

So hat es auch Hiob erlebt; eine Zeit lang musste er durch viele Prüfungen gehen. Es sah aus, als würde er alles verlieren: Zuerst seinen Besitz, dann seine Kinder und schließlich seine Gesundheit. Aber wie glücklich war das Ende! Als er das alles durchlitten hatte, als er sich gedemütigt und aufrichtig Buße getan hatte (Hiob 42,6), „segnete der Herr das Ende Hiobs mehr als seinen Anfang" (Hiob 42,12). Seine Gesundheit wurde wieder völlig hergestellt und seine Besitztümer wurden ihm wiedererstattet, und zwar gab der Herr dem Hiob doppelt so viel wie er gehabt hatte.

Wirklich – wenn man das Bestandsverzeichnis der verschiedenen Herden im ersten und im letzten Kapitel miteinander vergleicht, wird deutlich, dass Hiob am Ende genau doppelt so viele Schafe, Kamele, Rinder und Eselinnen hatte wie am Anfang. Er war ja schon am Anfang reicher als alle anderen, aber am Ende war sein Reichtum direkt sprichwörtlich geworden! Außerdem wurden ihm nochmals zehn Kinder geboren anstelle der zehn, die er verloren hatte, und in Bezug auf seine drei Töchter wird noch besonders hervorgehoben: „Es gab keine so schönen Frauen im ganzen Lande wie die Töchter Hiobs" (Hiob 42,15). Seine letzten 140 Jahre waren die besten seines ganzen Lebens! Die Züchtigung Gottes währte nur einen Augenblick, aber seine Gnade 140 Jahre! Das kann man wahrlich ein Happy End nennen.

Ich möchte es Ihnen mit Nachdruck sagen: Sie dürfen eine helle und glückliche Zukunft erwarten! Das dürfen Sie wirklich glauben, und die zukünftigen Ereignisse in Ihrem Leben werden zeigen, dass Ihr Glaube an die Gnade Gottes wirklich gerechtfertigt ist. Unser Gott ist ein Gott, der immer alles zum Guten wendet; er hat immer noch etwas Besseres für Sie, als er Ihnen am Anfang gab (Hes. 36, 11). Die Gnade prophezeit dem Menschen nur Dinge, die für ihn gut und äußerst wohltuend sind, wenn er sich seinem nächsten Verwandten im Bewusstsein all seines Versagens zu Füßen wirft. Solche guten Dinge kann er dem nicht verheißen, der nicht zerbrochen ist und diesen Platz zu seinen Füßen nicht einnehmen will. Aber wenn ein Mensch auch nur ein Stück weit zerbrochen ist und seine Schuld in seinem Herzen bereut, verheißt Gott ihm so viel Gutes, das er ihm zu tun gedenkt.

Darum fassen Sie nur Mut, der Sie vielleicht ein leidgeprüfter Mensch sind: Mit Jesus werden Sie ein Happy End erleben, hier in diesem Leben schon und noch viel mehr im bevorstehenden Jubeljahr, wenn wir in der Herrlichkeit vor Jesus stehen werden und unser Glück seinen Höhepunkt erreicht und Gott alles zum Guten gewendet hat.

So sehen wir in diesem letzten Kapitel, wie der allein stehende Boas und die verwitwete Ruth, zwei einsame Menschen, in einer wunderschönen Hochzeit vereinigt werden. Wir wissen, dass Ruth bis dahin wieder allein stehend war, aber ich glaube, dass dies auch bei Boas der Fall war. Er war kein junger Mann mehr, aber er hatte bis dahin eben noch keine Braut gefunden. Er musste natürlich Geld bezahlen, um Ruth zu bekommen, wie er selbst sagt: „... und auch Ruth, die Moabitin, das Weib Mahlons, habe ich mir zum Weibe gekauft ...“ (4,10).

Aber was war das schon im Vergleich zu der Freude, nun einen Menschen gefunden zu haben, mit dem er sein Leben teilen darf. Und außerdem war das Familienland Mahlons gerettet, das ein Nachkomme, der nun vielleicht kommen würde, erben konnte.

Dies ist nur ein schwaches Abbild von der großen Vereinigung, die einmal stattfinden wird, bei der der einsame Sünder und – dürfen wir es einmal so sagen – der einsame Heiland vereint werden. Sicherlich wäre Jesus Christus ohne seine Gemeinde einsam und ohne eine Braut. Aber er war bereit, Sie mit einem großen Preis zu erkaufen; erinnern Sie sich an jenes Wort in Apostelgeschichte 20, 28, wo es heißt: „... die Gemeinde Gottes, welche er durch sein eigen Blut erworben hat“? Und auch Sie gehören zu dieser Gemeinde und zu dieser Braut. Und wenn Sie zu seinem Kreuz kommen, dürfen Sie die wunderbare Erfahrung machen, dass ein einsamer, unglücklicher Sünder mit dem Heiland vereinigt wird, der nun ganz für seine Braut da ist und sich um sie kümmert. Das haben wir erfahren, als wir gerettet wurden, aber später ist die Liebe wieder ein wenig erkaltet, nicht wahr? Doch das Liebesverhältnis kann am Kreuz immer wieder erneuert werden.

Nun wollen wir noch betrachten, was die anderen Leute zu diesem Ereignis gesagt haben. Sie waren wirklich begeistert. Sie haben Ruth keinesfalls widerwillig akzeptiert, denn sie hatten den ganzen Hergang der Geschichte beobachtet. Sie hatten die Demut dieses heidnischen Mädchens sehr bewundert, und sie freuten sich mit Boas, dass er schließlich doch eine Braut gefunden hatte. Nachdem die Verhandlung mit dem näheren Verwandten beendigt war und dieser dem Boas seinen Schuh gegeben hatte, begannen die Leute, Boas und Ruth mit großer Freude zu beglückwünschen. Achten Sie einmal darauf, was sie alles zu ihnen sagten.

„Wir sind Zeugen!"

Als Boas zu ihnen sagte, „ihr seid Zeugen, dass ich mir Ruth zum Weibe gekauft habe", riefen sie alle: „Wir sind Zeugen!" (Ruth 4,11). Die Worte „wir sind" stehen im Hebräischen eigentlich gar nicht da. Sie haben einfach nur das eine Wort „Zeugen!" gerufen. Sie erklärten sich zu Zeugen dieses wunderbaren und gnädigen Handelns Gottes.

Hier werde ich an ein Wort in der Apostelgeschichte erinnert: „Von diesem zeugen alle Propheten, dass durch seinen Namen alle, die an ihn glauben, Vergebung der Sünden empfangen sollen" (Apg. 9,43). Und nicht nur die Propheten zeugten von dieser großen Erlösung, der Vater selbst gab vom Himmel her Zeugnis, und mehr als einmal sagte er laut, sodass die Menschen es hören konnten: „Dies ist mein Sohn, dies ist der Erlöser, den ich in die Welt gesandt habe" (Matth. 3,17; 17,5; Joh. 12,28). Und nicht nur der Vater – eine große Zahl von Menschen bezeugt dieses, denn jedes Mal, wenn wir wieder sehen dürfen, wie ein Menschenleben verwandelt wird, rufen auch wir: „Zeugen!" Es gibt nichts, worüber wir uns so freuen können, als wenn wir sehen, wie die Gnade im Leben eines anderen triumphiert.

Beachtenswert sind auch diese Worte: „Der Herr mache die Frau, die in dein Haus kommt ..." (4,11). Auf welch schöne Weise sprechen sie von dieser Heidin; es wird mit keinem Wort erwähnt, dass sie eine Moabitin ist. Alles, was an ihr noch davon zeugte, dass sie vom Moabiterland stammte, war sozusagen gestorben, als sie mit Boas vereinigt wurde. Sie wird im restlichen Teil des Buches nicht mehr eine Moabitin genannt. Und so ist es auch mit uns. Wenn wir von der Bekehrung an in der Gemeinschaft mit Christus leben oder wenn wir uns später wieder zu ihm wenden, ist hinfort nicht mehr die Rede von unserer traurigen Vergangenheit. Wir halten uns dafür, dass unser alter Mensch längst am Kreuz mit Christus gestorben ist.

Ruth hatte nun keine Ursache mehr zu sagen, was sie anfangs auf dem Felde zu Boas sagte: „Womit habe ich Gnade gefunden vor deinen Augen, dass du mir freundlich bist, die ich doch eine Fremde bin? ... ich bin doch nicht einmal eine deiner Mägde" (2,10 u. 13). Sie gilt nun nicht mehr als eine Fremde, sie hat nun das Bürgerrecht in Israel. Und Sie haben nun das Bürgerrecht im Himmel. Solange Sie nicht mit Gott in Ordnung gekommen sind, haben Sie das Empfinden, dass Sie anders sind, nicht wie die anderen Christen, und dass Sie nicht wirklich dazugehören. Aber wenn Sie sich als Sünder erkennen, die Erlösung durch Jesus erfahren und dies auch bezeugen, dann sind Sie kein Fremdling mehr; Sie gehören nun zu den erretteten Sündern, die in der Gemeinschaft mit dem Heiland stehen.

Auf diese Weise kommen wir auch in die Gemeinschaft mit den anderen Christen. Manchmal müssen gewisse Leute es empfinden, dass sie außerhalb der Gemeinschaft stehen. In Ostafrika wurde die Erweckung immer wieder kritisiert; man sagte, die Christen, die in der Erweckungsbewegung mitwirkten, fühlten sich besser als andere und distanzierten sich von anderen Christen. Einige Missionare empfänden, dass sie nicht ganz akzeptiert würden, und wieder andere machten die gegenteilige Erfahrung.

Nun, das lässt sich leicht erklären: Einige sind eben nicht bereit, Gemeinschaft mit denen zu pflegen, die sich als Sünder vor Gott bekennen, sie wollen nicht den einzigen Weg gehen, der zu dieser

Gemeinschaft führt, nämlich den Platz des Sünders einnehmen und das Zeugnis des Sünders weitergeben. Wenn ein Mensch hierzu bereit ist, wird er sich sofort in die liebevolle und herzliche Gemeinschaft dieser Leute aufgenommen fühlen. Diese Gemeinschaft kann er nur in dem Maß erleben, wie er die Kraft des Blutes Jesu in seinem Leben erfährt.

Als ich zum ersten Mal nach Ostafrika reiste, um meine Verbundenheit mit den Brüdern zu bekunden, die die Erweckungsbewegung leiteten, baten mich diese, in einer großen Erweckungsversammlung die Botschaft des Wortes Gottes zu sagen. Ich war überrascht, denn ich dachte, ich sei nur gekommen, um von ihnen zu lernen. Anhand von drei Punkten versuchte ich, ihnen klar zu machen, was mir aufs Herz gelegt worden war, indem ich ein persönliches Zeugnis gab und drei Beispiele nannte, die deutlich machten, dass ich ein Sünder war und es nötig hatte, zum Kreuz zu kommen. Bei jedem dieser drei Punkte meiner Botschaft brach die Versammlung in Gesang aus. „Tuketendereza Yesu“ (Wir preisen dich, Jesu) sangen sie, und ich musste jedes Mal warten, bis sie zu Ende gesungen hatten. Ich hörte sie nicht „Tuketendereza“ singen, solange ich die Schrift erklärte, obwohl sie mir dabei sicherlich gerne zugehört haben, aber als ich den Platz des Sünders einnahm, war es, als wollten sie sagen: „Halleluja, er ist einer von uns!“ Ja, so kommen wir in diese Gemeinschaft hinein. Und dann sind wir – wie es bei Ruth war – nicht mehr Fremdlinge; dann gehören wir wirklich zu ihnen.

Wie Rahel und Lea

Nun wollen wir sehen, was sie noch sagten: „Der Herr mache die Frau, die in dein Haus kommt, wie Rahel und Lea!“ (4,11). Diese beiden Frauen Jakobs waren die Stamm-Mütter Israels, von denen alle zwölf Stämme kamen. Diese Menschen waren stolze Israeliten, doch sie wünschten dieser Frau, dass sie wie eine ihrer Fürstinnen sein möge. Das war mehr als ein Wunsch, ihre Worte erwiesen sich als prophetisch. Wie wir sehen werden, war sie dann wirklich wie Rahel und Lea. Sie wurde zu einer Vorfahrin der Könige Israels und des Messias Israels.

Es bereitet Gott immer noch große Freude, wenn er einen Bettler unter Fürsten setzen kann, und zwar Bettler, die sich auch als solche vor ihm bekennen. Die Gnade überträgt jenen gewöhnlich hohe und heilige Vorrechte und besondere Dienste und viele herrliche Dinge, wie wir es uns gar nicht vorstellen können, die als Versager am Fuß des Kreuzes lagen und gesagt haben: „Bedecke mich." Er tut viel mehr als das, er bedeckt uns nicht nur, sondern er sagt zu uns: „Freund, komm höher herauf", und dann dürfen wir viel höher hinaufsteigen, als wir je gedacht hätten und in unseren Gebeten gewagt hätten zu bitten.

Schaffe dir einen Namen, Boas!

Dann sprachen sie noch einen Wunsch aus, der speziell Boas galt: „Werde mächtig in Ephrata und schaffe dir einen Namen in Bethlehem!" (4,11). Jesus, unser Boas, hat einen großen Namen! Ich denke immer gerne über den Ruhm Jesu nach, und dann frage ich mich, was ihn wohl so berühmt macht? Gewiss nicht eine Anzahl guter Christen, die vielleicht meinen, er würde ihnen reihum auf die Schulter klopfen und sagen: „Gut gemacht!" Gute Christen bringen ihm keinen Ruhm ein, weil er solche gar nicht findet, denen er auf die Schulter klopfen könnte. Er kann mir nicht auf die Schulter klopfen und auch Ihnen nicht. Wenn Gott die guten Christen sucht und prüft, wird offenbar, dass wir alle als zu leicht erfunden werden.

Die Sünder, die er gerettet hat, haben ihm einen großen Namen verschafft; durch die Christen, die versagt haben und die er wieder zurechtgebracht hat und dadurch, dass er in rettungslos verlorene Situationen eingegriffen und alles wieder zum Guten gewendet hat, ist er berühmt geworden. Er hat sich einen Namen verschafft, indem er in unzähligen hoffnungslosen Fällen eingegriffen hat und aus den Trümmerhaufen im Leben vieler Menschen etwas Schönes und Gutes geschaffen hat.

In den Evangelien kommt der Ausdruck „der Ruf Jesu" des Öfteren vor: „Sein Ruf ging aus in das ganze Syrien" (Matth. 4,24), und: „Zu jener Zeit hörte Herodes, der Vierfürst, das Gerücht von Jesus ..." (Matth. 14,1), und so gibt es weitere ähnliche Stellen. Aber er wurde nicht dadurch berühmt, dass er bei den Reichen zu Tische saß oder mit den Großen verkehrte. Als er eine Botschaft an Johannes den Täufer ins Gefängnis sandte, tat er ihm kund, worin sein Ruhm bestand: „Blinde sehen und Lahme gehen, Aussätzige werden rein und Taube hören, Tote stehen auf und Armen wird das Evangelium gepredigt" (Matth. 11,5).

Das war eine ziemlich bunte Gesellschaft, besonders wegen der Toten, die dazugehörten. Aber durch diese Leute erhielt er seinen Ruhm. Und heute tut er in sittlicher und geistlicher Hinsicht genau dasselbe, wodurch er nicht weniger berühmt geworden ist. Sind Sie sich darüber im Klaren, dass sein Ruhm dadurch vermehrt wird, wenn er in Ihrer schrecklichen Notlage eingreifen darf?

Nicht das Zweitbeste

Dann sagten die Leute zu ihnen: „Dein Haus werde wie das Haus des Perez, den Thamar dem Juda gebar, von dem Samen, den dir der Herr geben wird von dieser jungen Frau" (4,12). In 1. Mose 38 erfahren wir den Zusammenhang jener Geschichte, auf die die Leute in Bethlehem hinweisen. Sie erwähnen Thamar, weil ihr Fall dem der Ruth sehr ähnlich ist. Sie war mit einem der Söhne Judas verheiratet, doch dieser war dann gestorben, ohne dass sie zusammen Kinder gehabt hätten. Thamar war auch eine Witwe im Alten Testament, die sich ebenfalls auf das „goel"-Gesetz berief, sodass dann jemand von der Familie in ihres Mannes Namen diesem durch sie Nachkommen verschaffte, und so wurde Perez geboren. Von ihm kam eine lange Ahnenreihe, die in hohem Ansehen stand und zu der auch Boas gehörte.

Nun, ich glaube, sie haben diesen Wunsch ausgesprochen, weil sie dachten, Boas und Ruth könnten das Gefühl haben, diese Heirat sei, da Ruth ja zum zweiten Mal heiratete, nicht so schön, als wenn es die erste Hochzeit wäre; dies sei so etwas wie das „Zweitbeste". Das ist ganz und gar nicht so, sagten sie, diese Verbindung kann ebenso fruchtbar und bedeutungsvoll werden, wie es im Fall Thamars war, von der das Haus des Perez kam.

Dies ist in geistlicher Hinsicht so zu verstehen: Manche sind erst, nachdem sie viele Jahre in Sünde gelebt haben und nun nur eine lange Kette von Fehlern und Versagen in ihrem Leben vorzuweisen haben, zu einer späten Stunde ihres Lebens zum Herrn gekommen, und nun sind sie vielleicht geneigt zu denken, dass der Herr ihnen jetzt nur noch das Zweitbeste geben kann. Niemals sollte man solche Gedanken aufkommen lassen!

Das Zweitbeste? Vielleicht kann man es in zeitlicher Hinsicht „das Zweite" nennen, weil so viel Zeit verloren ist, aber „das Zweite" ist es keineswegs in qualitativer Hinsicht. Das ist wahr: Sie haben den ersten Plan, den Gott für Sie hatte, gründlich verdorben. Aber deswegen kommt er nicht in Verlegenheit. Er hat die Lösung für Ihre jetzigen Probleme, er hat für Sie einen zweiten Plan entwickelt, und wer sind Sie, dass Sie behaupten könnten, der zweite Plan sei weniger gut als der erste?

Das zusammengesetzte Wort: „das Zweitbeste" enthält ja das Wort „Beste", also Gott hat doch immer noch das Beste für Sie. Gott hat im Leben derer, die nichts weiter zu bringen hatten als Scherben und zerstrittene Verhältnisse, wunderbare Dinge getan. Wie ermutigend ist für uns gerade das Beispiel Thamars, in deren Leben es ähnlich wie bei uns stand, aus deren verlorener Situation der Herr aber „etwas Schönes, etwas Gutes" geschaffen hat. Wie verworren und verloren unser Leben auch gewesen – oder heute noch – ist, all diese Schwierigkeiten bedeuten für die Gnade Gottes kein Hindernis.

Im Stammbaum Christi

Es traf alles ein, was sie gesagt hatten. Gott machte Ruths Leben wie das der Rahel und Lea, und er machte ihr Haus wie das Haus des Perez. Infolge ihrer Verbindung mit Boas wurde Obed geboren, und dieser wurde der Vater Jesses, und Jesse wurde der Vater Davids, und aus dem Hause Davids kam – nach der fleischlichen Abstammung – Jesus Christus, der Heiland der Welt. Und dieser jungen heidnischen Witwe, die arm geworden war und kein Erbe mehr hatte, wurde nicht nur das Erbe wiedererstattet, indem sie die Frau des Boas wurde, sondern sie wurde zu einem Glied in dem Stammbaum, aus dem der Messias kam. So erwiesen sich diese Glückwünsche als echte Weissagungen.

In den letzten Versen des Buches Ruth wird uns ein Teil dieses Stammbaums, nämlich bis zu David, bekannt gegeben; jedoch den ganzen Stammbaum bis zum Messias finden wir in Matthäus l. Die Hebräer des Alten Testaments haben immer sehr auf die Genealogie geachtet, und dieser Stammbaum im Neuen Testament, der die Herkunft Jesu Christi nach der menschlichen Seite hin aufzeigt, war für die Judenchristen natürlich von großer Bedeutung. Er stellte einen dokumentarischen Beweis dar, weil darin die Abstammung Jesu von Abraham und David – gemäß den Weissagungen – nachgewiesen wird und weil er so dazu beiträgt, seinen Messias-Anspruch zu rechtfertigen.

In den hebräischen Genealogien wird normalerweise nur der Name des Vaters genannt, gewöhnlich wird der Name der Frauen nicht erwähnt. Doch wenn wir diese Liste genauer ansehen, entdecken wir darin vier Frauennamen, was offensichtlich eine absichtliche Abweichung von der jüdischen Tradition bedeutet, und Ruth ist einer davon. Dabei ist es sehr auffallend, dass eine jede dieser vier Frauen in den Augen der Menschen – wie sie es wohl nennen würden – disqualifiziert waren und in ihrem Lebenswandel irgendeinen Makel hatten.

Die erste Frau, die genannt wird, ist Thamar (Matth. 1,3): „Juda zeugte Perez und Serah von der Thamar." Ich habe schon gesagt, einer der Familie hatte die Rolle des „goel" übernommen und hat mit ihr Nachkommen gezeugt. Ich habe aber noch nicht erwähnt, dass der „goel" in diesem Fall ihr Schwiegervater war, denn ihre Schwager hatten sich geweigert, dies zu tun. Die Umstände, unter denen dies geschah – sie werden in der Heiligen Schrift getreulich berichtet –, sind alles andere als rühmlich und ehrwürdig und stellen den Beteiligten nicht gerade das beste Zeugnis aus, am allerwenigsten der Thamar. Aber sie erscheint dort in der Genealogie Jesu Christi.

Bei der zweiten genannten Frau handelt es sich um Rahab (Matth. 1,5): „Salma zeugte Boas von der Rahab." Dies war die Hure Rahab, die die Kundschafter Josuas verbarg, bevor Jericho erobert wurde. Indem sie dies tat, hat sie nicht nur ihr Leben gerettet, sondern sie wurde auch in der israelitischen Volksgemeinschaft aufgenommen; offensichtlich heiratete einer von ihnen, nämlich Salma, sie und wurde so der Vater von Boas. Ja, die Mutter des Boas war nicht nur eine Heidin, sondern auch eine Hure. Vielleicht hatte Boas deswegen Schwierigkeiten, unter den hebräischen Frauen eine Braut zu finden.

Die dritte Frau ist Ruth und wird ebenfalls in Vers 5 genannt: „Boas zeugte Obed von der Ruth." Sie war in sittlicher Hinsicht sicherlich ohne Tadel, denn Boas sagte: „Die ganze Stadt meines Volkes weiß, dass du ein tugendsames Weib bist" (Ruth 3,11). Aber sie war eine Heidin, und eine solche wurde von der israelitischen Volksgemeinschaft eben als eine Ausländerin betrachtet und als eine, die dem Bund der Verheißung fremd war.

Die vierte Frau ist Bathseba: „Der König David zeugte Salomo von der Frau des Uria" (Matth. 1,6). Nun, wir alle kennen die schändliche Geschichte, wie David in einer schwachen Stunde mit ihr Ehebruch beging.

Was bedeutet nun für uns die Tatsache, dass diese vier Frauen zu dem Stammbaum gehören? Ein alter Ausleger hat in Bezug auf diese Stelle einmal geschrieben: „Dadurch sollte gezeigt werden, dass die Sünder an Christus Anteil haben; denn wenn unter seinen Vorfahren Sünder waren, dann werden auch unter seinen Nachkommen solche sein", und ich bin einer von ihnen!

Bei aller offensichtlichen „Schwachheit" nach seiner menschlichen Herkunft bleibt seine Gottheit und Sündlosigkeit doch unangefochten; denn er wurde im Mutterleib der Maria nicht durch einen Menschen gezeugt, sondern durch den Heiligen Geist, und er ist machtvoll als Sohn Gottes erwiesen durch seine Auferstehung von den Toten. Und doch ist er der nächste Verwandte der Sünder.

Ein Sohn für Naemi

Nun kommen wir zum letzten Teil unserer Studie. Nicht nur bekam Ruth einen Sohn, Naemi erhielt damit einen Enkelsohn. Das Buch beginnt mit der großen Betrübnis Naemis, aber am Ende sehen wir eine strahlende Naemi, wie sie einen kleinen Enkelsohn in ihren Armen hält – und dabei hatte sie doch gar nicht mehr erwartet, einen Nachkommen zu erhalten. Tränen laufen über ihr Gesicht, aber es sind Tränen der Freude. Die Frauen in der Nachbarschaft waren ebenso gerührt und sagten: „Naemi ist ein Sohn (oder vielmehr ein Enkelsohn) geboren." Eigentlich war dieses Kind mit ihr nicht blutsverwandt, und es war nicht ihr richtiger Enkelsohn; ein solcher wäre nur ein Sohn Mahlons gewesen, aber durch das gnädige „goel"-Gesetz galt dieses Kind durch Boas und Ruth als ihr rechtmäßiger Enkel, der dann das Land ihres Sohnes erben sollte. Ihre Freude kannte keine Grenzen, während sie dieses kleine Baby in ihren Armen hielt und nun pflegen durfte.

Hören Sie, was diese Frauen sagten, denn das hat auch uns etwas zu sagen: „Gepriesen sei der Herr, der es dir heute nicht hat fehlen lassen an einem Löser (einem „goel"), und sein Name werde gerühmt in Israel!" (Ruth 4,14). Mit anderen Worten wollten sie sagen: Welche Verluste du in Zukunft auch immer erleiden wirst – es wird in diesem heranwachsenden Kind nun immer ein naher Verwandter da sein, der alles zurückkaufen kann. „Er wird deine Seele erquicken und dich in deinem Alter versorgen" (4,15). Sie braucht nicht mehr zu befürchten, dass sie solche notvolle Armut wie einst je wieder erleben muss.

Hier wird uns gezeigt, wie wir, die wir in den Gnadenstand gekommen sind, die Gnade des Herrn beständig erfahren können, oder wir können auch sagen, wie wir die Erweckung und Erneuerung beständig erleben können. Das ist aber nur dadurch möglich, dass der Herr uns nicht ohne einen nahen Verwandten gelassen hat, der „unsere Seele erquicken und uns in unserem Alter versorgen wird". Es mögen Versagen vorkommen, und unser geistliches Leben mag zurückgehen, aber wir haben Jesus, der alles wiedererstattet, was wir verloren haben. Und er ist jederzeit bereit, es zu tun, wenn Sie nur zu ihm kommen, denn die Kraft seines Blutes wird niemals nachlassen.

Wo die Erneuerung in einem Leben oder in einer Lebensgemeinschaft beständig vor sich gehen kann, da wird man die Sünde auch immer als Sünde bezeichnen, und da wird man beständig die Kraft seines Blutes erfahren, die immer wieder aufs Neue frei macht. Er ist in der Tat unser nächster Verwandter, der uns beständig erneuert und wiederherstellt.

So endet diese Geschichte mit dem freudestrahlenden Gesicht der Naemi, die alles, was sie in der Vergangenheit verloren hatte, wiedererstattet bekam und die nun eine gesicherte Zukunft hatte.

„O“, sagt sie, „dies ist wahrlich ein Happy End!“ So schließen wir die Betrachtung dieses feinen Buches Ruth. Ruth tritt in unserem Gedächtnis wieder in den Hintergrund, ebenfalls Boas und Naemi, doch unser nächster Verwandter, unser Herr Jesus Christus, soll uns beständig vor Augen stehen.

Weitere Bücher zum biblischen Thema:

Theo Wendel
Wie ein brennendes Feuer
60 Tage mit Jeremia
Bestell-Nr. 330 640
ISBN 3-86122-640-5
112 Seiten, Paperback

Die Bibel zeichnet keine Lichtgestalten, sondern Menschen aus Fleisch und Blut.
Einer von denen war Jeremia.
Gegen seinen Willen stellte Gott ihn in seinen Dienst. Und er gab ihm die lebensgefährliche Aufgabe, den Menschen die Illusion von einem Schöpfer zu zerstören, der überall ein Auge zudrückt. Was diesem Mann an Leiden und Kampf zugemutet wurde und wie sein Glaube durch alle Härten des Lebens hindurch Wurzeln schlagen konnte, ist kein Stoff für eine Heldensage.
Es hat konkreten Nutzen für uns. Seine Lebenslinien weisen auch uns Wege durch das Dickicht unserer Anfechtungen. Folgen Sie mit Theo Wendel durch 60 Betrachtungen 60 Tage lang den Spuren des „weinenden Propheten".
Zwei Monate, die Ihren Glauben stärken werden!

Thomas Weißenborn
Gott ganz nah
Der Heilige Geist und wir
Bestell-Nr. 330 650
ISBN 3-86122-650-2
80 Seiten, kartoniert

„Gott ist wirklich mitten unter euch!", stellten die Besucher der ersten Gottesdienste fest, als sie Heilungen und Wunder erlebten – Wirkungen des Heiligen Geistes. Ist diese Erfahrung nicht auch für uns eine Selbstverständlichkeit, die wir bekennen: *„Ich glaube an den Heiligen Geist"*?

Wohl kaum. Eher hilflos denkt mancher: *Der Heilige Geist – das unbekannte Wesen.* Phänomen oder dritte Person der Dreieinigkeit? Kribbeln oder Gott? Opium oder Kraftquelle?

Was ist der Heilige Geist und was bedeutet er für uns?

Von den Korinthern bis zu den Quäkern, von Wesley bis Wimber: Weißenborn verfolgt die Spuren des Geistes in Bibel und Kirche, zieht Schlüsse aus den Erfahrungen der großen Erweckungsbewegungen und lädt ein, das Gute zu behalten und im eigenen Leben fruchtbar zu machen.

Unverbissen, behutsam und nüchtern.

Alcides Jucksch
Liebe ohne Grenzen
Andachten für jeden Tag
Bestell-Nr. 330 642
ISBN 3-86122-642-1
416 Seiten, Paperback

Wenn wir auch oft über unsere Grenzen nicht hinaus können – für Gott stellen sie kein Hindernis dar. Seine Liebe, seine Geduld und seine Vergebung überschreiten all die Widerstände, an denen unser Kleinglaube tagtäglich Schiffbruch erleidet.
Umso wichtiger, dass uns diese Liebe Tag für Tag aufs Neue und in immer neuen Bildern zugesprochen wird.
Alcides Jucksch tut das mit den 365 Andachten dieses Buches. Hier bekommen selbst Wahrheiten, die in einer Spaßgesellschaft eher wenig Anklang finden, die Chance, auf offene Ohren zu stoßen.
Denn durch jede einzelne der täglichen Geschichten hindurch schimmert die Liebe Gottes, die man mit menschlichen Maßstäben nicht begreifen kann.